한치호 목사 묵상기도 • 이영란 집사 캘리

하나님의 이름 읽는기도 70일

문서사역
|종|려|가|지|

하나님의 이름 읽는기도 70일

차례

1. 창 31:39하, 엘 – 힘, 능력 • 4
2. 창 1:1, 엘로힘 – 전능하신 창조주 • 6
3. 출 3:14, 여호와 – 나는 ~이다, 스스로 계신 분 • 8
4. 창 17:2, 엘 샤다이 – 충족하도록 공급, 전능하심 • 10
5. 신 10:17상, 엘 깁보르 – 요새, 나에게 힘이 되심, 능하심 • 12
6. 창 14:19, 엘 엘룐 – 하늘과 땅의 주인, 지극히 높으심 • 14
7. 창 17:7, 엘 올람 – 영원한, 영생하시는 • 16
8. 창 16:13하, 엘 로이 – 살피시는, 위로해주시는 • 18
9. 창 33:20, 엘로헤 이스라엘 – 이스라엘의 하나님 • 20
10. 창 35:7하, 엘 벧엘 – 벧엘의 하나님, 벧엘 = 하나님의 집 • 22
11. 출 20:5하, 엘 칸나 – 질투하시는 하나님, 하나님의 열심 • 24
12. 신 7:9, 엘 하네에만 – 언약을 이행하시는, 의뢰할만한 • 26
13. 수 2:11하, 엘로힘 바샤마임 – 하늘에 계신 하나님 • 28
14. 수 3:10, 엘 하이 – 살아 계신 • 30
15. 수 24:19하, 엘 카도쉬 – 구별되시다, 거룩하심 • 32
16. 시 18:46, 엘로헤이 예슈아티 – 구원자, 여호와가 구원하심 • 34
17. 시 4:1상, 엘로헤이 치드키 – 의가 되시는, 능력의 의 • 36
18. 시 18:47, 엘 네카모트 – 복수하시는, 응징 • 38
19. 시 29:3, 엘 하카보드 – 영광의 하나님, 하나님은 영광 • 40
20. 시 42:8, 엘 하야 – 생명의 하나님 • 42
21. 시 42:9, 엘 살리 – 나의 반석, 든든한 피난처 • 44
22. 시 43:2상, 엘로헤이 마우지 – 나의 힘, 힘이 되시다 • 46
23. 시 43:4상, 엘 시므하트 길리 – 큰 기쁨, 극락이 되심 • 48
24. 시 48:14, 엘로헤이누 올람 – 영원하신, 영원히 우리 하나님 • 50
25. 시 54:4, 엘로힘 오제르 리 – 나의 도움이신 하나님 • 52
26. 시 58:11, 엘로힘 쇼프팀 바아레쯔 – 땅에서 판단하시는 하나님 • 54
27. 시 59:5상, 엘로헤이 이스라엘 – 이스라엘의 하나님 • 56
28. 시 59:10, 엘로헤이 하스디 – 나에게 인자하신 하나님 • 58
29. 시 62:8, 엘로힘 마하세 라누 – 보호하심, 숨겨주시는 하나님 • 60
30. 시 68:24, 엘리 말르키 – 하나님, 나의 왕 • 62
31. 시 80:7, 엘로힘 체바오트 – 만군의 하나님 • 64
32. 시 99:8하, 엘 노세 – 하나님의 용서, 용서하신 하나님 • 66
33. 미 6:6상, 엘 마롬 – 높으신, 하늘에 계신 하나님 • 68
34. 창 14:20, 여호와 엘룐 – 지극히 높으신 하나님 • 70
35. 창 22:14, 여호와 이레 – 보게 하시는 여호와, 보이시는 하나님 • 72

36. 창 15:2, 아도나이 여호와 – 주 여호와, 언약의 하나님 • 74
37. 출 15:26하, 여호와 라파(로프) – 주는 치료자, 치료하시는 하나님 • 76
38. 출 17:15, 여호와 닛시 – 승리의 기, 깃발이신 하나님 • 78
39. 출 31:13하, 여호와 메카디쉬켐 – 거룩하게 하시는 하나님 • 80
40. 출 34:14, 여호와 칸나 세모 – 질투라는 이름, 질투하시는 하나님 • 82
41. 신 33:29하, 여호와 마겐 – 방패, 방패가 되시는 하나님 • 84
42. 신 33:29하, 여호와 헤레브 – 영광의 칼 • 86
43. 수 3:11, 여호와 아돈 콜 하아레츠 – 온 땅의 주 • 88
44. 삿 6:12, 여호와 임마카 – 함께 하시는 하나님 • 90
45. 삿 6:24상, 여호와 샬롬 – 평강, 하나님은 평강이시다 • 92
46. 삿 11:27하, 여호와 하쇼페트 – 심판하시는 하나님 • 94
47. 겔 48:35, 여호와 삼마 – 함께, 함께 하시는 하나님 • 96
48. 삼상 1:3, 여호와 체바오트 – 만군의, 만군의 하나님 • 98
49. 시 3:3, 여호와 카보디 – 영광의, 하나님은 나의 영광 • 100
50. 시 18:2상, 여호와 추르 – 나의 반석, 큰 산이신 하나님 • 102
51. 시 18:2상, 여호와 메추다티 – 요새, 요새이신 하나님 • 104
52. 시 18:2중, 여호와 메팔티 – 건짐, 건져주시는 하나님 • 106
53. 시 18:2중, 여호와 엘리 – 나의 하나님 • 108
54. 시 18:2하, 여호와 살리 – 바위, 피하게 하심 • 110
55. 시 18:2하, 여호와 케렌 이스이 – 구원해 주시는 하나님 • 112
56. 시 18:2하, 여호와 미쉬가비 – 산성, 산성이신 하나님 • 114
57. 시 10:16, 여호와 멜렉 올람 – 영원한 왕, 영원히 왕이신 하나님 • 116
58. 시 23:1, 여호와 로이 – 목자, 나의 목자 하나님 • 118
59. 시 24:8, 여호와 이주즈 베깁보르 – 강하심, 능하신 하나님 • 120
60. 시 24:8, 여호와 깁보르 밀카마 – 전쟁에 능하신 하나님 • 122
61. 시 27:1상, 여호와 오리 – 빛, 나의 빛 하나님 • 124
62. 애 1:18, 여호와 우시 – 고통, 하나님의 울음 • 126
63. 시 37:39, 여호와 마우잠 – 요새, 요새가 되시다 • 128
64. 시 89:18, 여호와 마기네누 – 방패, 우리의 방패 • 130
65. 시 91:9, 여호와 마흐시 – 피난처, 나의 피난처 • 132
66. 시 98:6, 하멜렉 여호와 – 왕, 왕이신 여호와 • 134
67. 사 40:28하, 여호와 보레 – 창조, 창조주 하나님 • 136
68. 사 49:26하, 여호와 골레크 – 구속, 너의 구속자 • 138
69. 렘 16:19, 여호와 마우지 – 보호, 보장하시는 하나님 • 140
70. 겔 7:9하, 여호와 마케 – 때리시다, 치시는 하나님 • 142

창 31:39하

외삼촌이

그것을 내 손에서

찾았으므로

내가 스스로

그것을 보충하였으며.

Calligraphy design by Butnori

1. 엘 – 힘, 능력

하나님 아버지,

야곱이 그의 외삼촌 라반의 양떼를 칠 때, 야생동물들의 습격으로 양이 찢겼으면, 그 잃은 것을 라반이 요구하여 야곱이 보충했다는 것을 깨닫습니다. 그때, 야곱은 어떻게 야생동물들에게 찢긴 양을 보충하였는지요? 하나님께서 채워주신 줄로 믿습니다.

이스라엘 사람들에게 하나님은 자신이 누구이신가를 가르치실 때, '엘'이라고 하셨습니다. '엘', 하나님께는 힘이 있다, 하나님은 인생에게 능력이 되신다는 것을 알게 해주신 줄로 믿습니다. 홀로 들에서 양떼를 쳐야 했던 야곱에게 하나님이 '엘'이셨음에 감격합니다.

당시에, 방목으로 양떼를 먹여야 했던 야곱에게 들은 안락한 곳이 아니었음을 생각합니다. 그럼에도 하나님께서 야곱을 지켜주셨고, 그와 함께 하셨습니다. 그 하나님은 저에게 '엘'이십니다! 아멘.

- 하나님이 오늘, 저에게 힘이시라는 것을 믿습니다.
- 하나님이 오늘, 저에게 능력이 되어주심을 믿습니다.

잃어버린 양을 채워주셨던 하나님께서 오늘, 제가 실수로 놓쳐버리게 된 것들을 보충해 주신다는 확신, 성령님께서 저를 재촉해 주십니다. 힘이 되어주심을 기다리면서 지내게 하시옵소서.

예수님의 이름으로 기도합니다. 아멘.

◯×

창 1:1

태초에

하나님이 천지를

창조하시니라.

Calligraphy design by Butnori

2. 엘로힘 - 전능하신 창조주

하나님 아버지,
하나님께서 천지를 만드시는 그 때, 시작(태초)이 있게 되었고 그 시각에, 천지를 만드셨다고 깨닫습니다. 태초와 더불어 천지가 창조된 줄로 믿습니다. 그러니까 하나님은 태초 전부터 계셨지요.
천지와 만물은 그냥 생겨난 것이 아니고, 지은 바 되었음을 말하면서 지으신 하나님을 '엘로힘'이라고 하셨습니다. '엘로힘', 하나님은 강하시다, 하나님은 지어내실 수 있는 힘이 있으시다는 것을 알게 해주신 줄로 믿습니다. 만물의 창조주 '엘로힘'에 감격합니다.
천지와 만물은 하나님께서 지으시겠다고 계획하셨던 대로 창조되었다고 생각합니다. 하나님께서 인생에게 자신이 창조주라는 것을 알게 하시고, 저를 자녀로 삼아 주셨습니다. 그러니, 하나님의 창조를 경험하면서 지내려 합니다. 하나님은 저에게 '엘로힘'이십니다! 아멘.
하나님은 모든 피조물의 주인이라는 것을 믿게 하시옵소서. 그리하여 자신의 기쁘신 뜻에 따라 주관하시도록 저의 삶을 맡깁니다.
- 하나님의 계획에 순종하며 지내게 하실 것을 믿습니다.
- 하나님의 피조물로 온전함에 이르게 하실 것을 믿습니다.
하나님을 창조주로서 절대적이며, 초월적이심을 믿도록 성령님께서 저를 재촉해 주십니다. 하나님의 전능하심을 찬양하게 하시옵소서.
예수님의 이름으로 기도합니다. 아멘.

⋈

출 3:14

하나님이

모세에게 이르시되

나는 스스로 있는 자이니라.

Calligraphy design by Butnori

3. 여호와 – 나는 ~이다, 스스로 계신 분

하나님 아버지,
애굽에서의 이스라엘 백성의 신음소리를 들으신 하나님께서 그들을 구원해 주시려고, 불이 붙었지만 타지 않는 떨기나무 불꽃으로 모세를 부르신 것을 깨닫습니다. 그때, 모세를 사람들에게로 가라고 하셨지요? 하나님께서 자기 백성의 구원을 계획하신 줄로 믿습니다.
하나님은 모세를 이스라엘 자손에게로 보내시면서 자기를 '여호와'라고 하셨습니다. '여호와', 나는 ~이다, 스스로 있는 분이시다는 것을 알게 해주신 줄로 믿습니다. 애굽 왕 바로에게 나아가야 했던 모세에게 하나님이 '여호와'이셨음에 감격합니다.
모세는 누구였습니까? 바로를 피하여 미디안의 광야에서 이드로의 양 떼를 치고 있었습니다. 그럼에도 하나님께서 모세를 지켜주셨고, 함께 하셨습니다. 그 하나님은 저에게 '여호와'이십니다! 아멘.
- 모세에게와 같이, 하나님께서 저에게 오셨음을 믿습니다.
- 하나님께서 저에게 보내시기를 원하신다고 믿습니다.
스스로 계신 하나님께서 오늘, 저에게 보내져야 한다는 삶의 의미를 깨닫게 하시고 사명을 주셨다는 확신, 성령님께서 저를 재촉해 주십니다. 저에게 주신 '보내져야 함'을 알게 하시고, 저의 비전을 보내짐에 주목해서 하나님을 영화롭게 해드리게 하시옵소서.
예수님의 이름으로 기도합니다. 아멘.

ᴼ<∞

창 17:2

내가

내 언약을

나와 너 사이에 두어

너를 크게 번성하게 하리라

하시니.

Calligraphy design by Butnori

4. 엘 샤다이 - 충족하도록 공급, 전능하심

하나님 아버지,

성서의 세계에서는 자식을 미래로 여겼는데, 아브라함은 그의 나이가 99세가 되어도 자식이 없었을 때, 하나님께서 그에게 오셔서 언약을 주신 것을 깨닫습니다. 이제, 아이를 바랄 수 없어 낙담에 아른 그에게 "크게 번성하게 하리라."고 약속해 주신 줄로 믿습니다.

하나님은 아브람에게 오셔서 자신을 가리켜 '엘 샤다이'라고 하셨습니다. '엘 샤다이', 하나님은 충족하도록 공급해주신다, 자기 백성에게 전능이시다는 것을 알게 해주신 줄로 믿습니다. 미래를 포기해야 했던 아브라함에게 하나님이 '엘 샤다이'이셨음에 감격합니다.

하나님께 처음으로 무릎을 꿇었을 때를 기억합니다. 그날, 저는 울부짖음으로 하나님의 이름을 불렀는데, 하나님께서는 저의 울음소리를 놓치지 않으셨지요. 하나님은 저에게 '엘 샤다이'이십니다! 아멘.

그날의 경험 이후로, 하나님은 언제나 저에게 기도가 되어주셨습니다. 어려움으로 고민에 빠졌을 때, 건져주시는 능력을 나타내 주시기도 하셨지요. 엘 샤다이, 언약하셨던 대로 아브라함은 자녀를 보았습니다. 인생이 낙심하는 것은 하나님을 찾지 않아서이지요.

하나님은 오늘도 저에게 언약이 되신 줄로 믿습니다.

예수님의 이름으로 기도합니다. 아멘.

신 10:17상

너희의 하나님 여호와는

신 가운데 신이시며

주 가운데 주시요

크고 능하시며

두려우신 하나님이시라.

Calligraphy design by Butnori

5. 엘 깁보르 – 요새, 나에게 힘이 되심, 능하심

하나님 아버지,
하나님께서 이스라엘 백성에게 원하시는 것은 하나님을 경외하며, 그의 모든 길을 따름이었다고 깨닫습니다. 그들이 왜 하나님을 경외해야 하였습니까? 그들을 자기 백성으로 삼아 주셨기 때문이지요.
모세는 그들에게 하나님은 자신이 누구이신가를 말할 때, '엘 깁보르'라고 하였습니다. '엘 깁보르', 하나님은 요새이시다, 하나님은 인생에게 힘을 주신다는 것을 알게 해주신 줄로 믿습니다. 그들에게 하나님이 '엘 깁보르'이셨음에 감격합니다. 그들은 무적이었습니다!
당시에, 광야에서 지내야 했던 이스라엘 백성에게는 야생동물들의 습격과 원주민들의 공격으로 두려운 시간이었음을 생각합니다. 그럼에도 하나님께서 그들을 광야의 공포로부터 지켜 주셨으며, 함께 하신 줄로 믿습니다. 그 하나님은 저에게 '엘 깁보르'이십니다! 아멘.
- 저에게 숨겨주시는 요새의 하나님께 찬양을 드립니다.
- 저에게 힘이 되시는 능력의 하나님께 찬양을 드립니다.
수많은 위험에서 지켜주셨던 하나님께서 오늘, 저에게 피할 수 있는 바위가 되시고, 저를 대신하여 싸워주신다는 확신, 성령님께서 저를 재촉해 주십니다. 크고 능하심을 기다리면서 지내게 하시옵소서.
예수님의 이름으로 기도합니다. 아멘.

창 14:19

그가 아브람에게

축복하여 이르되

천지의 주재이시요

지극히 높으신 하나님이여

아브람에게 복을 주옵소서.

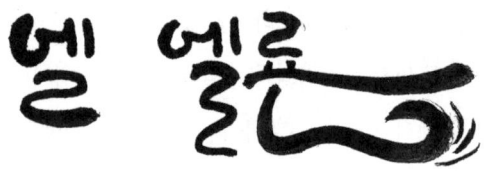

Calligraphy design by Butnori

6. 엘 엘론 – 하늘과 땅의 주인, 지극히 높으심

하나님 아버지,
롯이 포로로 잡혀있을 때, 아브라함이 그를 구출해서 돌아오는 길에 소돔 왕에게 영접을 받았고, 제사장 멜기세덱이 그를 축복했다는 것을 깨닫습니다. 그는 아브라함에게 하나님이 하늘과 땅의 주인이시고, 지극히 높으신 이심을 약속해 준 줄로 믿습니다.
멜기세덱은 복을 빌면서 하나님을 '엘 엘론'이라고 하였습니다. '엘 엘론', 하나님은 하늘과 땅의 주인이시다, 하나님은 지극히 높으시다는 것을 알게 해주신 줄로 믿습니다. 선민의 왕국을 세워나가야 하는 아브라함에게 하나님이 '엘 엘론'이셨음에 감격합니다.
엘 - 능력, 엘론 - 가장 높은, 곧 하나님은 모든 신들보다 위에 계시다는 것을 알게 하였습니다. 하나님을 부를 때, 가장 높으신 분이라고 불렀다고 믿습니다. 하나님은 저에게 '엘 엘론'이십니다! 아멘.
- 지극히 높으신 곳에서 세상(저)을 다스리신다고 믿습니다.
- 하늘에서 땅에까지 모든 것(저를 위한)을 갖고 계신다고 믿습니다.
오늘, 지극히 높으신 곳에서 저를 보고 계실 하나님께 감격을 드리게 하시옵소서. 세상의 모든 것을 다스리시면서 저를 위하실 터이니 영광을 드리게 하시옵소서. 하나님은 저에게 큰 권세이십니다!
예수님의 이름으로 기도합니다. 아멘.

창 17:7

내가 내 언약을

나와 너 및

대대 후손 사이에 세워서

영원한 언약을 삼고,

너와 네 후손의 하나님이 되리라.

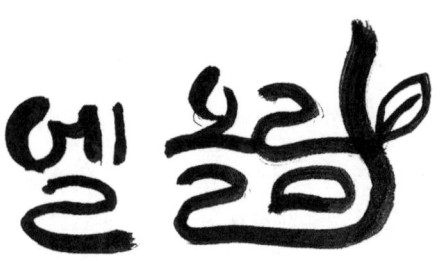

Calligraphy design by Butnori

7. 엘 올람 – 영원한, 영생하시는

하나님 아버지.

이미 아브라함에게 주신 언약, 그 언약의 효력을 그의 후손에게까지 이어지도록 하시겠다는 것으로 하나님의 언약은 영원한 약속이 된다는 것을 깨닫습니다. 하나님의 약속은 영적으로 하나님께서 택하여 자녀로 삼으신 인생에게도 적응될 것임을 뜻하는 줄로 믿습니다.

하나님께서 언약을 체결해 주실 때, 하나님은 자기를 '엘 올람'이라고 하셨습니다. '엘 올람', 하나님은 영원하시다(시작도 끝도 없는), 하나님은 영생하신다는 것을 알게 해주신 줄로 믿습니다. 아브라함의 후손에게까지 언약하신다는 하나님이 '엘 올람'이셨음에 감격합니다.

오늘, 저에게 성경의 세계를 새롭게 보도록 하시니 감사합니다. 성경에 나오는 사람들과 그들의 이야기, 그것은 바로 저에게 주시는 약속이라는 것을 배웁니다. 성경의 사람들에게 맺어주신 언약에 저를 포함해 주셨다는 사실이 감격스럽게 합니다.

이제, 다시 창세기 1장으로 돌아가서 성경을 새로 읽게 하시옵소서. 성경에 기록된 하나님의 말씀을 저에게 주시는 약속으로 받게 하시옵소서. 저를 하나님의 자녀로 삼으시고, 천국 백성이 되도록 세워주시려는 하나님의 영원하심에 두렵고, 떨리게 하시옵소서.

예수님의 이름으로 기도합니다. 아멘.

창 16:13하

나를 살피시는

하나님이라 하였으니

이는 내가 어떻게 여기서

나를 살피시는 하나님을

뵈었는고 함이라.

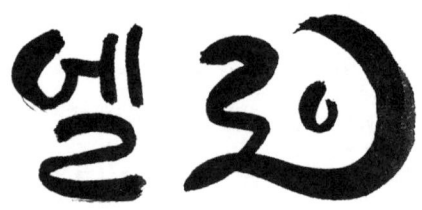

Calligraphy design by Butnori

8. 엘 로이 – 살피시는, 위로해주시는

하나님 아버지,
사래에게서 도망을 치던 하갈에게 여호와의 사자가 나타나서, '네가 어디서 왔느냐' 물으셨음을 생각합니다. 이 물음은 아브라함의 장막이 하나님께로부터 복을 받은 곳이니 돌아가라 하심이었지요. 이에, 하갈은 자신의 눈으로 확인한 하나님을 고백한 줄로 믿습니다.
"내가 어떻게 여기서 나를 살피시는 하나님을 뵈었는고" 하였던 그녀의 감격은 하나님을 '엘 로이'라고 하였습니다. '엘 로이', 하나님은 살피신다, 하나님은 위로해주신다는 것을 알게 해주신 줄로 믿습니다. 저에게도 만나주시는 하나님, '엘 로이'에 감격합니다.
하나님의 이름, '엘 로이'는 수고하고 무거운 짐 진 자인 인생에게 주신 하나님의 위로라고 여깁니다. 오늘도 힘들어하거나 지쳐 있는 자기 백성에게 오시옵소서. 그래서 찬양을 드리게 하시옵소서. '엘 로이' 하나님을 고백할 때, 쉼을 누리게 하시옵소서.
그 누가 피곤에 지친 인생을 만나주겠습니까? 어떤 사람이 외로움에 떠는 자에게 와서 위로해 주겠습니까? '엘 로이', 나의 위로자!
살아가는 날 동안에, 살펴주시는 그 이름에 찬양을 바치게 하시옵소서. 눈으로 하나님을 뵙게 해주신다는 약속에 감격하게 하시옵소서.
예수님의 이름으로 기도합니다. 아멘.

창 33:20

거기에 제단을 쌓고

그 이름을

엘엘로헤 이스라엘이라

불렀더라.

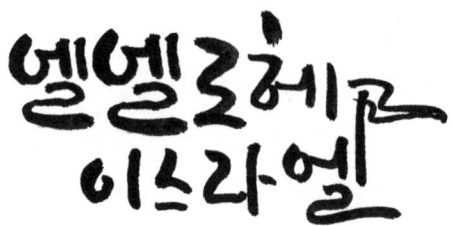

Calligraphy design by Butnori

9. 엘엘로헤 이스라엘 – 이스라엘의 하나님

하나님 아버지,
야곱, 지난 세월의 삶이 험난하였어도, 가나안 땅에 도착했다는 평안함에서 그 감사함으로 말미암아 단을 쌓았다고 깨닫습니다. 밧단아람을 떠날 때는 야곱이었는데, 지금은 이스라엘이니 그의 심정은 어떠하였을까요? 감격으로 단을 쌓은 줄로 믿습니다.
단을 쌓은 그에게 성령님께서 하나님의 이름을 주셨는데, '엘엘로헤'라고 하셨습니다. '엘엘로헤', 하나님이시다, 야곱 자신에게 하나님이시다는 것을 알게 해주신 줄로 믿습니다. 하나님은 먼 데 계시지 않고, 자기에게 계심을 고백한 찬가, '엘엘로헤 이스라엘!'
오오, 저에게도 하나님이십니다. 저도 야곱을 따라 하나님을 부르고 싶습니다. '엘엘로헤 한치호!' 하나님은 한치호의 하나님이십니다. (자신의 이름을 넣어 불러봅시다!)
하나님이 저에게 엘로헤이심을 가르쳐 주시려는 하나님의 열심에 감격하게 하시옵소서. 오늘부터 하루를 시작할 때, 저를 향해서 외치게 하시옵소서.
'엘엘로헤 한치호!' 정녕 하나님은 저의 하나님이십니다.
하나님이 먼 데 계시다고 여겨왔던 저에게 이 감격을 가르쳐 주시려고 얼마나 오래 기다리셨습니까? 하나님을 부르게 하시옵소서.
예수님의 이름으로 기도합니다. 아멘.

창 35:7하

그 곳을 엘 벧엘이라

불렀으니

이는 그의 형의 낯을

피할 때에

하나님이 거기서

그에게 나타나셨음이더라.

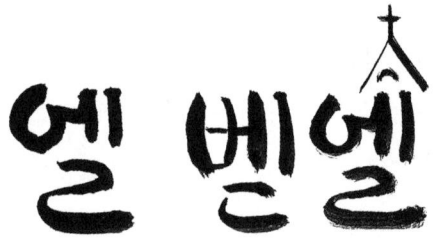

Calligraphy design by Butnori

10. 엘 벧엘 – 벧엘의 하나님, 벧엘 = 하나님의 집

하나님 아버지,

고향 땅, 부모에게서 떠날 때, 야곱이라는 이름이었는데, 벧엘로 돌아올 때는 이스라엘로 바뀌었으니, 그가 다시 본 벧엘에서 얼마나 감격스러웠을까를 깨닫습니다. 고향을 떠났던 날부터 그에게는 모진 고난의 시간이었지요. 하나님께서 그와 함께 하신 줄로 믿습니다.

하나님께서는 그에게 벧엘에서 제단을 쌓도록 하시고, 그 곳의 이름을 '엘 벧엘'이라 부르게 하셨습니다. '엘 벧엘', 벧엘의 하나님, 하나님은 인생에게 언약이 되신다는 것을 알게 해주신 줄로 믿습니다. 고난의 사람, 야곱에게 하나님이 '엘 벧엘'이셨음에 감격합니다.

나그네 길의 행로, 벧엘에서 그가 간구했던 목소리를 잊지 않으신 하나님을 생각해 봅니다. 야곱이 경험했던 하나님을 오늘, 저에게 만나주시니 감격스러울 뿐입니다. 사실, 저에게 야곱처럼 자신의 인생을 하나님께 언약하며 간구를 해본 경험이 있었는지요?

하나님께서 저에게 '엘 벧엘'이 되어 주심을 믿습니다. 저에게도 하나님이 만나주시며, 결단의 간구를 하라고 '엘 벧엘'을 받게 하신 줄로 믿습니다. 이제, 저도 예배하면서 '엘 벧엘'이라 부르게 하시옵소서. 하나님께서 저에게도 나타나시고, 동행해 주심을 확신합니다.

예수님의 이름으로 기도합니다. 아멘.

출 20:5하

나 네 하나님은

질투하는 하나님인즉

나를 미워하는 자의 죄를 갚되

아버지로부터 아들에게로

삼사대까지 이르게 하거니와.

Calligraphy design by Butnori

11. 엘 칸나 – 질투하시는 하나님, 하나님의 열심

하나님 아버지,

사람은 생각하고, 이해할 수 있는 능력으로 하나님을 받아들인다고 할 때, 하나님의 질투라는 개념은 쉽게 납득이 되지 않음을 깨닫습니다. 그런데 이를 하나님의 개념에서 본다면 참으로 감격스럽게 되지요? 하나님의 우리를 향한 사랑을 확신하게 되는 줄로 믿습니다.

선민이 다른 꼬임에 넘어가지 않고, 하나님의 품에 있기를 원하시는 자신을 '엘 칸나'라고 하셨습니다. '엘 칸나', 하나님의 열심히 보호하심, 자기의 소유로 지키신다는 것을 알게 해주신 줄로 믿습니다. 그의 자녀가 어디에 있든 지켜주시는 '엘 칸나'이셨음에 감격합니다.

자녀로 선택하신 인생을 눈동자처럼 지켜주시는 하나님의 열심, 그것이 하나님의 질투라고 배웁니다. 혹시라도 다른 것의 꼬임에 넘어가 생명을 잃게 되지 않기를 바라심에서 하나님은 질투하시지요.

만일, 하나님의 '열심'이 없으셨다면 저는 어떻게 되었을까요? 자기 백성을 위하여 질투하시는 사랑에 감격하게 하시옵소서. 인생이 어디로 가서 행복을 구하겠습니까? 하나님의 품에서 지낼 때이지요.

그러니, 죄인으로서 지옥 형벌이 기다리던 인생에게 독생자를 내어주신 하나님, 그것은 인생에게 엘 칸나였음에 눈물겹게 하시옵소서.

예수님의 이름으로 기도합니다. 아멘.

신 7:9

그런즉 너는 알라

오직 네 하나님 여호와는

하나님이시오

신실하신 하나님이시라.

Calligraphy design by Butnori

12. 엘 하네에만 – 언약을 이행하시는, 의뢰할만한

하나님 아버지,
하늘 백성으로서 제가 늘 새겨두어야 할 것은 '내가 누구인가' 하는 정체성의 확인이라고 깨닫습니다. 하나님의 백성이며, 긍휼을 얻은 자라고 하셨으니, 하나님께서 신앙 선배들에게 약속해 주신 은혜에 동참하고 있는 줄로 믿습니다. 약속을 받은 사람!
하나님의 약속을 받았으니, 그 언약을 이루어주시기 위하여 하나님을 '엘 하네에만'이라고 하셨습니다. '엘 하네에만', 언약을 이행하신다, 인생이 의뢰할 분이시다는 것을 알게 해주신 줄로 믿습니다. 하나님 없이 살아갈 수 없는 인생에게 '엘 하네에만'이시니 감격합니다.
성경에 기록된 하나님의 약속을 오늘, 저의 삶에서 받게 하시니 감사합니다. 하나님은 저에게 엘 하네에만이시라, 언약하신 은혜를 기다리게 하신 줄로 확신합니다. 자기 백성에게 내려주시는 인자하심, 은혜로우심, 불쌍히 여기심, 은총을 베푸심을 저의 것으로 삼습니다.
하나님을 사랑하고, 그의 계명을 지키기를 좋아하기 때문에, 기록된 약속을 모두 받으리라 확신하게 하시옵소서. 그리고 천대에 이르도록 자비를 베푸실 것을 믿게 하시옵소서. 하나님은 엘 하네에만!
저에게 주신 약속이 성취되는 풍성함을 기다리게 하시옵소서.
예수님의 이름으로 기도합니다. 아멘.

수 2:11하

너희의 하나님 여호와는

위로는 하늘에서도

아래로는 땅에서도

하나님이시니라.

Calligraphy design by Butnori

13. 엘로힘 바샤마임 - 하늘에 계신 하나님

하나님 아버지,
이스라엘 백성에게 가나안 땅을 주시기로 약속한 것을 믿은 여호수아는 그 땅의 길목인 여리고에 정탐을 보내 탐지하도록 했다는 것을 깨닫습니다. 그들은 매우 강한 자들이었다는 것을 알고 있었지만, 성령님께서 정탐꾼들의 마음을 담대하게 하신 줄로 믿습니다.
그들을 자기의 집에 숨겨주었던 라합은 하나님을 상천하지에 하나님, 곧 '엘로힘 바샤마임'이라고 하였습니다. '엘로힘 바샤마임', 하나님은 하늘과 땅에 계시다는 것을 알게 해주신 줄로 믿습니다. 여리고 사람들이 마음이 녹은, '엘로힘 바샤마임'이셨음에 감격합니다.
적의 도시에 들어간 이들에게는 죽음의 위협이었다고 여깁니다. 그럼에도 하나님께서 지켜주셨고, 여리고의 군사들을 피하게 하셨습니다. 그 하나님은 지금, 저에게 '엘로힘 바샤마임'이십니다! 아멘.
- 하나님이 오늘, 저를 위하여 하늘에 계심을 믿습니다.
- 하나님이 오늘, 저를 위하여 땅에 계심을 믿습니다.
그 하나님께서 자기 백성을 하늘에서 지켜보시고, 땅에서도 지켜보시니 하나님의 보호를 받는다는 확신, 성령님께서 저를 재촉해 주십니다. 하나님의 보호를 받고 있음을 고백하면서 지내게 하시옵소서.
예수님의 이름으로 기도합니다. 아멘.

⊂×

수 3:10

또 말하되 살아 계신 하나님이

너희 가운데 계시사

(중략)

너희 앞에서 반드시

쫓아내실 줄을

이것으로서 너희가 알리라.

Calligraphy design by Butnori

14. 엘 하이 – 살아 계신

하나님 아버지,
선민의 제사장들이 언약궤를 메고 요단을 건너기 위해서 요단에 들어설 때, 여호수아가 그들을 격려하면서 하나님께서 함께 하심을 말했다고 깨닫습니다. 그때, 그들은 가나안의 일곱 족속을 두려워했는데, 하나님께서 쫓아내시는 것을 볼 것이라고 약속한 줄로 믿습니다. 그 말을 하면서 여호수아는 하나님을 가리켜서 살아 계신 곧, '엘 하이'라고 하였습니다. '엘 하이', 하나님은 살아계시다, 죽은 신(神)이 아니시다는 것을 알게 해주신 줄로 믿습니다. 강물이 흐르는 요단을 건너야 했던 선민에게 하나님이 '엘 하이'이셨음에 감격합니다.
하나님이 살아 계신다는 의미는 무엇이었나요? 생명의 근원으로서 영원토록 살아 계시는, 그리하여 약속하신 땅에 들어가게 하시며, 언약하셨던 대로 대적을 쫓아내시는 하나님이신 줄로 믿습니다.
창조주로서 인생에게 하나님은 정녕 살아 계시다고 깨닫게 하시옵소서. 하나님이 살아계심을 나타내심은 저를 지켜주시려는 약속임을 확신합니다. 그 하나님은 지금, 저에게 '엘 하이'이십니다! 아멘.
이제, 저에게 제가 믿는 하나님이 나무나 돌로 만든 죽은 신(神)이 아님에 찬양을 드리게 하시옵소서. 살아 계신 하나님은 '엘 하이'!
예수님의 이름으로 기도합니다. 아멘.

⌒⊃

수 24:19하

그는

거룩하신 하나님이시오

질투하시는 하나님이시니

너희의 잘못과 죄들을

사하지 아니하실 것임이라.

Calligraphy design by Butnori

15. 엘 카도쉬 – 구별되시다, 거룩하심

하나님 아버지,
여호수아가 죽기 전에 선민의 지도자들을 세겜에 모으고 그들에게 여호와를 경외하며, 성실과 진정으로 섬길 것을 권면했다고 깨닫습니다. 그때, 선민이 능히 하나님을 섬기지 못할 것이라고 권면했는데 그것은 하나님이 거룩하시기 때문이라고 한 줄로 믿습니다.
하나님은 선민이 죄를 지으면 용서하지 않으실 것인데, 그들에게 하나님을 '엘 카도쉬'라고 하였습니다. '엘 카도쉬', 하나님은 구별되셨다, 하나님은 거룩하시다는 것을 알게 해주신 줄로 믿습니다. 하나님께 구별되어야 했던 선민에게 하나님이 '엘 카도쉬'이셨음에 감격합니다.
하나님의 아들이 사람이 되어(성육신) 세상에 오셨지만 공생애의 시간에 보여 주셨던 주님의 모습은 세상을 거절하심이셨지요. 저를 세상에서 구별시켜 주시옵소서. 제가 경험해야 될 것은 구별이라고 깨닫습니다. 이로써 '엘 카도쉬'로 지내게 하시옵소서.
저를 크리스천으로 부르시고, 하나님의 자녀로 지내게 하셨으니 이 땅에서 저의 신분을 '엘 카도쉬'가 되게 하시옵소서. 성소에 있는 기구들이 하나님께 구별되어 사용되었던 것처럼 세상 속에서 하나님께 드려져 지내게 하시옵소서. 오늘, 저에게 하나님은 '엘 카도쉬'!
예수님의 이름으로 기도합니다. 아멘.

시 18:46

여호와는

살아 계시니

나의 반석을 찬송하며

내 구원의 하나님을

높일지로다.

Calligraphy design by Butnori

16. 엘로헤이 예슈아티 - 구원자, 여호와가 구원하심

하나님 아버지,
여호와께서 다윗을 그를 괴롭히던 원수들과 사울 왕의 손에서 건져 주신 날에, 그가 모든 대적들을 이기었다고 여길 때, 찬송을 드리게 하신 것을 깨닫습니다. 그에게 역경과 고난을 정복하여 승리의 찬가를 부르게 하셨지요. 하나님께서 이기게 하신 줄로 믿습니다.
하나님의 섭리를 인정하는 다윗에게 하나님을 '엘로헤이 예슈아티'라고 찬송하게 하셨습니다. '엘로헤이 예슈아티', 하나님께 구원이 있다, 구원해 주신 하나님이시다는 것을 알도록 하셨습니다. 그가 대적들을 물리쳐, 하나님이 '엘로헤이 예슈아티'이셨음에 감격합니다.
오늘, 다윗의 하나님을 저의 하나님으로 삼게 하시옵소서. 그에게 고난과 쓰라림의 시간을 견디면서 이기게 하실 하나님을 바라게 하셨음이 저에게도 있게 하시옵소서. 저에게도 하나님을 '엘로헤이 예슈아티'라고 불러드리게 하시옵소서. 구원이 하나님께 있습니다.
누가 저에게 승리를 안겨 주겠습니까? 세상에 있는 것들, 자칭 신이라 하는 것들은 저에게 구원이 될 수 없습니다. 오직 하늘에 계신 하나님을 향해서 '나의 구원자'라고 찬양을 드리게 하시옵소서.
하나님은 지금, 저에게 '엘로헤이 예슈아티'이십니다! 아멘.
예수님의 이름으로 기도합니다. 아멘.

시 4:1상

내 의의

하나님이여

내가 부를 때에

응답하소서.

Calligraphy design by Butnori

17. 엘로헤이 치드키 – 의가 되시는, 능력의 의

하나님 아버지,
해 아래에서의 인생은 자신이 원해도 의로울 수가 없어, 그는 하나님의 의를 구하며, 그 의로 자신을 의롭게 해서 비로소 의를 누린다는 것을 깨닫습니다. 다윗은 어떻게 하여 하나님께 의롭다고 인정을 받고, 의를 누렸을까요? 하나님께서 의롭게 하신 줄로 믿습니다.
성령님은 다윗에게 의를 구하도록 하면서 하나님을 '엘로헤이 치드키'라고 부르도록 하셨습니다. '엘로헤이 치드키', 하나님은 의가 되신다, 능력의 의이시다는 것을 알게 해주신 줄로 믿습니다. 의롭지 못한 인생에게 하나님이 '엘로헤이 치드키'이셨음에 감격합니다.
인생은 죄를 범하여 하나님의 영광에 이르지 못하는데(롬 3:28), 하나님의 의를 구하게 하시니 감사합니다. 흠의 인생에게 하나님께로부터 의를 받아서 의롭게 하셨습니다. 엘로헤이 치드키, 아멘
- 하나님의 의로 의롭게 해주셨음을 기억하게 하시옵소서.
- 저에게 능력의 의가 되시는 하나님을 찬송하게 하시옵소서.
제가 누구였습니까? 하나님을 알지도 못하였고, 하나님께 나아가는 것은 생각하지도 못하였었지요. 하나님께서 저에게로 오신 줄로 확신합니다. 다윗이 하나님을 부르면서, '엘로헤이 치드키'라고 하였다면, 저에게도 그리 하시겠다는 약속으로 여기게 하시옵소서.
예수님의 이름으로 기도합니다. 아멘.

시 18:47

이 하나님이

나를 위하여 보복해 주시고

민족들이 내게

복종하게 해 주시도다.

Calligraphy design by Butnori

18. 엘 네카모트 – 복수하시는, 응징

하나님 아버지,
세상의 다른 모든 신들, 나무나 돌을 다듬어서 만든 신들은 살아있지 않은 죽은(가짜) 신들이라고 깨닫습니다. 저는 어려서부터 신이라는 이름의 형상들을 많이 보았는데 그것들은 모두 사람이 만들어낸 고안물이며, 사람이 신을 부르는 것을 알게 되었습니다.
다윗은 하나님이 자기를 위하여 하신 일에 찬송을 드리면서 '엘 네카모트'라고 고백하였습니다. '엘 네카모트', 하나님은 자기 백성을 위하여 복수하신다, 보복해 주신다는 것을 알게 해주신 줄로 믿습니다. 하나님이 '엘 네카모트'이셨음에 감격합니다.
다윗은 시기하는 사람들의 대적으로 억울한 시간들을 보내어야 했었다고 생각합니다. 하나님께서 다윗을 지켜주셨고, 그를 위해서 복수해 주셨습니다. 그 하나님은 저에게 '엘 네카모트'이십니다! 아멘.
하나님께서는 오늘, 저를 대신하여 대적하는 이들과 싸워주심을 믿습니다. 그리고 저를 위하여 대적에게 복수해 주심을 믿습니다. 그러니 제가 복수하려 하지 말고, 하나님께 맡기게 하시옵소서.
사람으로 말미암은 원한을 풀어 주시옵소서. 저를 괴롭게 하여 그 분노로 숨을 쉬기도 어려움에서 놓아 자유롭게 하시옵소서.
예수님의 이름으로 기도합니다. 아멘.

시 29:3

여호와의 소리가

물 위에 있도다

영광의 하나님이

우렛소리를 내시니

여호와는 많은 물 위에

계시도다.

Calligraphy design by Butnori

19. 엘 하카보드 – 영광의 하나님, 하나님은 영광

하나님 아버지,
성령님께서 다윗에게 자연의 현상들을 보게 하시며, 자연이 보여주는 그 오묘함의 신비에서 하나님의 능력을 발견하여 찬양을 드렸다고 깨닫습니다. 그러나 사실은 하나님께서 찬양하신 줄로 믿습니다. 다윗의 찬송은 선민에게 하나님은 누구이신가, '엘 하카보드', 영광의 하나님을 알려 주심이었습니다. '엘 하카보드', 하나님은 영광이시다. 인생에게서 영광을 받으신다는 것을 알게 해주신 줄로 믿습니다. 선민에게 가르쳐 주신 하나님의 이름, '엘 하카보드'에 감격합니다.
하나님(창조주)은 이미 피조물로부터 영광을 받고 계시다고 생각합니다. 자연의 현상은 그 신비에 감탄하여 하나님을 '엘 하카보드'라고 부르게 합니다. 그 하나님은 저에게 '엘 하카보드'이십니다! 아멘.
- 흐르는 물소리에서 영광의 하나님을 경험하게 하시옵소서.
- 벼락의 소리에서 하나님의 위엄을 경험하게 하시옵소서.
저의 입술이 하나님께 영광이 되기를 원하신다는 것을 깨닫습니다. 경험하게 되는 자연의 여러 현상들에서 하나님의 영광을 보게 하시옵소서. 하나님을 영화롭게 해드려야 한다는 확신, 성령님께서 저를 재촉해 주십니다. 하나님께서 내시는 소리를 듣게 하시옵소서.
예수님의 이름으로 기도합니다. 아멘.

시 42:8

낮에는 여호와께서

그의 인자하심을 베푸시고

밤에는 그의 찬송이 내게 있어

생명의 하나님께

기도하리로다

Calligraphy design by Butnori

20. 엘 하야 – 생명의 하나님

하나님 아버지,
큰 고난 가운데서 낙심이 되었던 다윗, 갈릴리 바닷가에서 들었던 흉흉한 파도소리와 물결소리를 기억하면서 지금 자신이 고난에 처해 있음을 고백하였다고 깨닫습니다. 버린 바가 되었다는 심정이지요. 이런 상황에서 하나님을 기억한 다윗, 정녕 복되다고 여깁니다.
누가 그에게 하나님을 기억하라고 하였는지요? 사람이 환난에 처해지면 자신을 포기한 행동을 하거나 방황에 자기를 맡기잖습니까? 그런데 다윗은 하나님을 '엘 하야', 생명의 하나님이라고 하였습니다. 자기에게 생명이 되어주신 하나님을 경험한 은혜라고 여깁니다.
오늘, 다윗을 만나주신 하나님께서 저를 만나 주신 줄로 확신합니다. 저에게 하나님은 생명이시다는 것을 알게 해주셨습니다. 하나님이 '엘 하야'이셨음에 감격합니다.
다윗에게 주신 은혜, 하나님을 기억함을 저의 것으로 받게 하시옵소서. 제가 하나님을 기억하는 동안에 저의 삶은 창조주 하나님을 누릴 것으로 깨닫습니다. 그것은 생명의 하나님을 누리는 벅참이지요.
이제는 저에게, 죄악 된 행실로 말미암아 하나님께서 진노하실 때, 그 품으로 달려가 안겼던 다윗으로 오늘을 지내게 하시옵소서.
예수님의 이름으로 기도합니다. 아멘.

시 42:9

내 반석이신 하나님께

말하기를

어찌하여

나를 잊으셨나이까.

Calligraphy design by Butnori

21. 엘 살리 – 나의 반석, 든든한 피난처

하나님 아버지,

다윗이 의기소침해졌을 때, 성령님께서 그에게 하나님을 기억하도록 하셔서 낮에 하나님, 밤에 하나님을 기억하게 하셨다는 것을 깨닫습니다. 그때, 성령님께서는 그에게 하나님을 바라보도록 하시고, 인자하심을 누리며, 찬송을 드리도록 하신 줄로 믿습니다.

하나님을 바라보던 그에게 하나님을 고백하여 '엘 살리'라고 부르게 하셨습니다. '엘 살리', 하나님은 반석이시다, 든든한 피난처가 되신다는 것을 알게 해주신 줄로 믿습니다. 다윗을 대표로 해서 인생에게 주신 약속이 '엘 살리'이셨음에 감격합니다.

오늘, 다윗을 따라 하나님을 '엘 살리'라고 부르게 하시옵소서. 사람이 무엇을 반석이라고 합니까? 든든한 피난처라고 여깁니다. 그가 경험했던 피난처, 제가 경험해야 될 '엘 살리'이신 줄로 믿습니다.

반석이신 하나님께서 다윗에게 응답해주신 은혜를 천천히 읽습니다. "너는 하나님께 소망을 두라." 아멘.

- 슬프고, 낙심의 깊은 곳으로 떨어지고, 불안했던 다윗이었습니다.
- 평안과 용기와 기쁨으로 그의 얼굴로 바꿔주신 하나님이십니다.

내 반석이신 하나님께 요청합니다. 저에게도 그렇게 하시옵소서.

예수님의 이름으로 기도합니다. 아멘.

시 43:2상

주는

나의 힘이 되신

하나님이시거늘

어찌하여

나를 버리셨나이까.

Calligraphy design by Butnori

22. 엘로헤이 마우지 - 나의 힘, 힘이 되시다

하나님 아버지,
경건하지 않은 나라 가운데서 간사하고 불의한 사람들로 말미암아 다윗은 이루 말할 수 없는 환난을 당하였다고 깨닫습니다. 그는 하나님을 자신의 힘이라고 고백하였는데, 자신이 원수의 억압으로 말미암아 슬프게 다니게 되었다고 하나님께 항변을 하였지요.

하나님은 자신이 '엘로헤이 마우지', 곧 힘이 되신다는 것을 다윗의 고백에서 배우도록 하십니다. '엘로헤이 마우지', 하나님은 힘이시다, 의지하는 자에게 힘이 되신다는 것을 알게 해주신 줄로 믿습니다. 다윗의 고백대로 하나님은 '엘로헤이 마우지'이셨음에 감격합니다.

오늘, 하나님을 부를 때, '엘로헤이 마우지'를 생각하게 하시옵소서. 다윗이 하나님을 가리켜서, "주는 나의 힘이 되신"이라고 한 것은 성령님께서 주신 감동이었다고 확신합니다. 저에게도 하나님을 '엘로헤이 마우지'라고 고백하게 하시옵소서.

이로써, 저에게 "주는 나의 힘이 되신 하나님"이라고 선포하게 하시옵소서. 주의 빛과 주의 진리를 보내주실 것을 믿게 하시옵소서. 저를 인도해주실 것을 믿게 하시옵소서. 주의 거룩한 산에 이르도록 하심을 믿게 하시옵소서. 하나님은 저에게 힘이십니다. 할렐루야!

예수님의 이름으로 기도합니다. 아멘.

시 43:4상

그런즉

내가 하나님의 제단에 나아가

나의 큰 기쁨의 하나님께

이르리이다.

Calligraphy design by Butnori

23. 엘 시므하트 길리 – 큰 기쁨, 극락이 되심

하나님 아버지,

다윗은 하나님께서 자기를 버리신 것이 아니시라면 원수의 압제로부터 벗어나게 하실 것이라고 간구했다고 깨닫습니다. 자기를 하나님의 성산과 장막에 이르도록 하심을 원하였다고 믿습니다. 믿음이란 하나님의 인도를 바라는 것이라고 배우게 하십니다.

그는 하나님을 '엘 시므하트 길리'라고 고백하였습니다. '엘 시므하트 길리', 기도에 응답하시는 하나님은 큰 기쁨이시다, 인생이 경험할 수 있는 최고의 기쁨이 되신다는 것을 알게 해주셨지요. 다윗을 따라 간구할 때, 하나님이 '엘 시므하트 길리'이시니 감격합니다.

오늘, 하나님을 '엘 시므하트 길리'가 되어 주신다는 확신에 전율을 느낍니다. 다윗은 하나님을 사랑했으니까, 그에게 '엘 시므하트 길리'가 되어 주시지만 저에게도 약속을 주시니 가슴이 벅차오릅니다.

저와 저의 행실을 보지 않으시고, 중보자가 되어주신 주님의 은혜로 그리 하신다고 깨닫습니다. 이제부터 저의 가슴은 하나님이 최고의 기쁨이 되어주심에 만족하게 하시옵소서. 엘 시므하트 길리, 아멘.

그 사랑에 감격하여 하나님께 이르겠다는 결단을 저의 것으로 삼게 하시옵소서. 큰 기쁨을 주심에 응답하여 지내게 하시옵소서.

예수님의 이름으로 기도합니다. 아멘.

시 48:14

이 하나님은

영원히 우리 하나님이시니

그가 우리를 죽을 때까지

인도하시리로다.

Calligraphy design by Butnori

24. 엘로헤이누 올람 - 영원하신, 영원히 우리 하나님

하나님 아버지,
이스라엘 백성이 하나님이 계시다고 믿는 시온산, 그 산에서 여호와의 광대하심에 감격했던 다윗은 장차 이루어질 하나님의 나라를 내다보았다고 깨닫습니다. 성령님께서 그에게 하나님을 찬양하도록 하실 때, 다윗의 눈이 열려서 하나님의 나라를 본 줄로 믿습니다.
그래서 그는, 즉시 하나님을 가리켜, '엘로헤이누 올람'이라고 하였습니다. '엘로헤이누 올람,' 하나님은 영원하시다, 자기 백성으로 삼은 자들에게 영원히 우리 하나님이시다는 것을 알게 해주신 줄로 믿습니다. "영원히 우리 하나님"은 저에게도 그리하심이라 감격합니다.
오늘, 다윗이 '하나님은 누구시뇨? 엘로헤이누 올람이다.' 라고 찬양을 드렸으니, 저도 나의 하나님은 영원하시다는 찬양을 드리게 하시옵소서. 하나님은 저에게 영원하심을 믿습니다.
지금, 저의 심령을 열어서 '엘로헤이누 올람'이라고 외치게 하시옵소서. 이로써 제가 죄로부터 구원을 받은 생명도 영원하다는 것을 선포하게 하시옵소서. 만일, 하나님이 영원하시지 않으시다면 제가 몇 번이고 엘로헤이누 올람을 외쳐도 헛될 것이라고 깨닫습니다.
'엘로헤이누 올람'. 영원한 생명을 주신 하나님, 영원하소서!
예수님의 이름으로 기도합니다. 아멘.

시 54:4

하나님은

나를 돕는 이시며,

주께서는

내 생명을 붙들어 주시는

이시니이다.

Calligraphy design by Butnori

25. 엘로힘 오제르 리 – 나의 도움이신 하나님

하나님 아버지,
십 사람들의 배반으로 다윗은 자신이 숨어있는 것을 사울과 그의 일행이 알게 되자. 지금까지 보호해 주셨던 하나님을 기억해 내었다고 깨닫습니다. 그에게 하나님은 돕는 자이셨지요. 사울이 그를 죽이려 할 때마다 피하도록 숨겨주셨던 줄로 믿습니다.
다윗은 하나님이 자기를 도와주심에 대하여 '엘로힘 오제르 리'라고 하였습니다. '엘로힘 오제르 리', 도움이시다, 의지하는 자에게 도움이 되어주신다는 것을 알게 해주신 줄로 믿습니다. 그 하나님께서 저에게도 도움이신 '엘로힘 오제르 리'이시니 감격합니다.
오늘, 하나님에 대한 신앙고백을 드리게 하시옵소서. 사울을 피하여 목숨을 건질 때마다 그는 하나님께 '엘로힘 오제르 리'라고 찬양한 줄로 믿습니다. 성령님께서는 다윗의 고백으로 저에게도 '엘로힘 오제르 리'라고 하나님께 고백을 드리도록 재촉하십니다. 아멘.
사실, 이제까지도 하나님은 '엘로힘 오제르 리'이셨습니다. 제가 하나님의 도우심에 민감하지 못하여 잊었을 뿐이었지요. 상황이나 환경의 변화는 도움이 잠깐이지만 하나님은 영원히 '엘로힘 오제르 리'이십니다. 저를 도와주시는 하나님께 찬양을 드리게 하시옵소서.
예수님의 이름으로 기도합니다. 아멘.

시 58:11

그때에 사람의 말이

진실로 의인에게 갚음이 있고

진실로 땅에서

심판하시는 하나님이 계시다

하리로다.

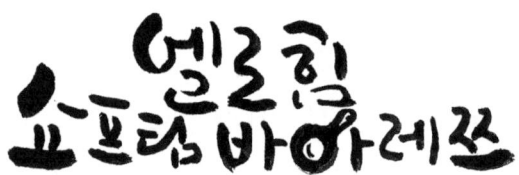

Calligraphy design by Butnori

26. 엘로힘 쇼프팀 바아레쯔 - 땅에서 판단하시는 하나님

하나님 아버지,
이스라엘에서 재판관들은 누구여야 했습니까? 그들은 하나님의 공의가 확립되도록 재판에 임해야 될 사람들이었다고 깨닫습니다. 그러나 불의한 재판관들로 말미암아 하나님의 땅에 불의가 판을 쳤지요. 성령님께서 다윗에게 알려주신 하나님은 심판하시는 하나님, '엘로힘 쇼프팀 바아레쯔'이셨습니다.

'엘로힘 쇼프팀 바아레쯔', 땅을 심판하시는 하나님이시지요. 그래서 다윗에게 악인들의 흉계를 하나님께서 저지시키도록 기도하게 하셨고, 악인들의 계획이 실행되기도 전에 하나님의 심판이 임할 것을 기대하게 하신 줄로 믿습니다.

다윗의 심령에 하나님의 공의로운 심판이 임할 것을 원하도록 하심은 제가 가져야 될 간구라고 배웁니다. 하나님의 공의가 임하여 의인에게 갚음이 있고, 사람들에게 하나님이 살아계심을 확인하도록 하는 것, 이것이 저의 간절함이어야 한다고 깨닫습니다.

지금, 세상은 악해져 있습니다. 세상에서 하나님의 공의를 실현해야 될 사람들이 도리어 이권을 챙기고, 세상이 악해지도록 하고 있으니, 하나님의 심판을 간구하게 하시옵소서. '엘로힘 쇼프팀 바아레쯔.'
공의의 심판을 시행하시므로 의인에게 기쁨을 주시옵소서.
예수님의 이름으로 기도합니다. 아멘.

⸖

시 59:5상

주님은

만군의 여호와

이스라엘의 하나님이시오니

일어나 모든 나라들을

벌하소서.

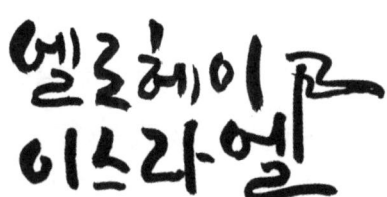

Calligraphy design by Butnori

27. 엘로헤이 이스라엘 – 이스라엘의 하나님

하나님 아버지,

하나님의 사람은 세상으로부터 고난을 당하는지요? 다윗은 하나님의 편에서 하나님의 마음에 합하다고 하셨으나 원수들로부터 갖은 조롱과 핍박, 사악을 당해야만 하였던 것을 깨닫습니다. 그는 생명에 위협을 당하자, 악인들에게 벌을 내려주시라고 한 줄로 믿습니다.

그 고난 속에서 그는 하나님을, '엘로헤이 이스라엘'이라고 불렀지요. '엘로헤이 이스라엘', 이스라엘의 하나님이시다, 선민에게 하나님이 되신다는 것을 부르짖게 하신 줄로 믿습니다. 감격스럽습니다.

다윗에게 하나님이 '엘로헤이 이스라엘'이시라면 오늘은 제가 그 이름으로 하나님께로 나아가야 한다는 것을 깨닫습니다.

무자비한 원수들의 위협에 떨지 않고 하나님을 찾음에서 그는 이스라엘의 하나님을 발견했다고 여깁니다. 만일, 이러한 고난이 없었다면 다윗에게와 이스라엘에 '엘로헤이 이스라엘'은 없었겠지요.

오늘, 까닭을 찾지 못하는 고난을 겪게 될 때, 하나님의 섭리를 생각하게 하시옵소서. 그리고 저에게, 저만의 하나님으로 '엘로헤이'를 경험하기를 바라게 하시옵소서. '엘로헤이 한치호.' 아멘

그렇습니다. 하나님을 불러 소망을 갖게 하시옵소서.

예수님의 이름으로 기도합니다. 아멘.

시 59:10

나의 하나님이

그의 인자하심으로

나를 영접하시며 하나님이

나의 원수가 보응 받는 것을

내가 보게 하시리이다.

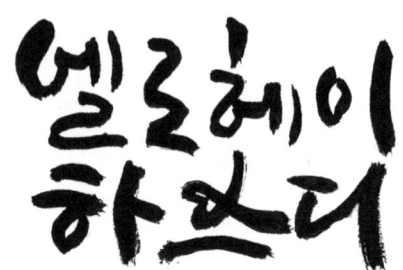

Calligraphy design by Butnori

28. 엘로헤이 하스디 - 나에게 인자하신 하나님

하나님 아버지,
다윗이 하나님을 산성이라고 부를 때는 그가 원수들로부터 공격을 받을 때, 하나님께로 피하여 안정을 누렸기 때문이라고 여깁니다. 하나님께서 그에게 산성을 경험하도록 하심은 하나님의 인자하심으로 영접해 주신 까닭인 줄로 믿습니다.
이에, 다윗은 자기를 보호해 주신 하나님을 가리켜, '엘로헤이 하스디'라고 하였지요. '엘로헤이 하스디', 하나님께는 긍휼이 있으시다, 자기 백성에게 인자하시다는 것을 알게 해주신 줄로 믿습니다.
성령님께서 다윗에게 '엘로헤이 하스디'를 경험하게 하신 것처럼 저에게도 오늘, '나의 하나님'은 '엘로헤이 하스디'가 되어 주시옵소서. 저의 행실을 문책하지 않으시고, 자비로우신 하나님을 깨닫습니다.
제가 하나님을 소망으로 삼는 이유는 '엘로헤이 하스디'에 있습니다.
오늘, 종일을 지낼 때, 인자하심으로 함께 해주실 하나님께 감격하게 하시옵소서. 만일, 제가 하나님의 인자하심을 누리지 못한다면 저는 아버지와 함께 있으면서도 아버지를 누리지 못하는 것과 같겠지요.
하나님, 저를 혼자 두지 마시고, 저에게 긍휼로 품어주시는 하나님을 누리게 하시옵소서. 하나님은 오늘, 엘로헤이 하스디, 아멘
예수님의 이름으로 기도합니다. 아멘.

시 62:8

백성들아

시시로 그를 의지하고,

그의 앞에 마음을 토하라

하나님은 우리의 피난처시로다.

(셀라)

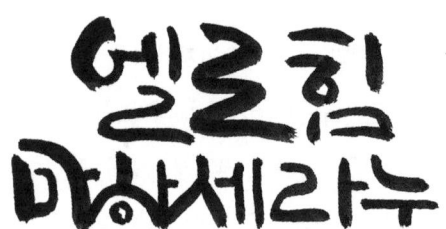

Calligraphy design by Butnori

29. 엘로힘 마하세 라누 – 보호하심, 숨겨주시는 하나님

하나님 아버지,
다윗에게 그가 고난 중에서, 원수들의 핍박 중에서도 잠잠히 하나님만 바라보게 하시는 이는 누구십니까? 성령님께서 충만하게 그를 감동하게 하심이라고 깨닫습니다. 세상에는 환난이 많이 있지만 하나님을 경외하는 자는, 크리스천은 하나님을 바라는 줄로 믿습니다.
그가 하나님을 바라던 중에, 고난에서 하나님은 자기에게, '엘로힘 마하세 라누'라고 하였지요. '엘로힘 마하세 라누', 하나님은 숨겨주신다, 인생에게 의지함이 되신다는 것을 알게 해주신 줄로 믿습니다.
다윗이 어려움 중에 경험했던 하나님께의 신앙을 저의 것으로 삼고자 결단합니다. 그동안 저는 다윗과 달리 어려움 가운데로 몰리면 짜증을 내었고, 누구에게라도 이 시련에 대한 핑계거리를 찾았지요.
오늘, 하나님께서 저에게 오셔서 '내가 누구냐'고 물으시고, '저를 위한 피난처'이시라고 하시는 음성을 받습니다. 왜, 저는 하나님이 '엘로힘 마하세 라누'이신 것을 고백하지 못하였는지요? 아하, 제가 하나님께 민감하지 못하였음을 회개합니다.
하나님의 이름을 부르면서 영으로는 '엘로힘 마하세 라누'라고 소리를 치게 하시옵소서. 저를 위하시는 '엘로힘 마하세 라누.' 아멘.
예수님의 이름으로 기도합니다. 아멘.

시 68:24

하나님이여

그들이 주께서 행차하심을

보았으니

곧 나의 하나님, 나의 왕이

성소로 행차하시는 것이라.

엘리 말르키

Calligraphy design by Butnori

30. 엘리 말르키 - 하나님, 나의 왕

하나님 아버지,

다윗이 노래하기를, 이스라엘 백성이 행차하는 것을 보았다고 했음에 감격스럽습니다. 누구에게 '행차'라는 표현을 씁니까? 전쟁에서 이기고 돌아오는 왕의 행렬을 행차라고 하는 줄로 믿습니다.

- 자기 백성을 위하여 친히 싸우신 하나님
- 자기 백성에게 승리를 안겨주신 하나님

하나님의 행차를 보고 축하를 드리는 다윗의 심령이 어떠하였을까요? 감격하고 감격하였다고 깨닫습니다. 그래서 그는 하나님을 가리켜, '엘리 말르키'라고 하였지요. '엘리 말르키', 하나님은 왕이시다, 하나님은 선민에게 왕이 되셨다는 것을 알게 하셨습니다.

하나님을 '엘리 말르키'라고 부른 것은 저에게도 그리 고백하라는 뜻으로 받아들입니다. 인생의 시간을 살아가는 동안에, 하나님은 저에게 '엘리 말르키'이시라고 고백합니다. 하나님은 신앙의 대상을 뛰어넘어, 입술의 찬양으로 왕이시라는 칭송을 받으시기를 원합니다.

하나님을 왕이라 부르게 하시옵소서. 하나님 앞에서 저는 단지 신하라고 여기게 하시옵소서. 왕이 행차하실 때는 미리 나아가 길을 만들어 드리게 하시옵소서. 행차하시는 하나님, '엘리 말르키'. 아멘.

예수님의 이름으로 기도합니다. 아멘.

시 80:7

만군의 하나님이여

우리를 회복하여 주시고

주의 얼굴의 광채를 비추사

우리가 구원을

얻게 하소서.

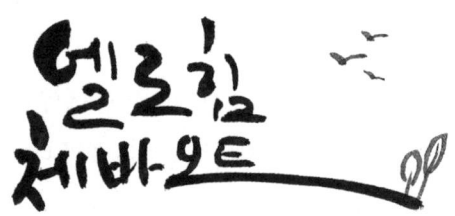

Calligraphy design by Butnori

31. 엘로힘 체바오트 - 만군의 하나님

하나님 아버지,

성경에서 만군이라는 표현은 하늘의 천군 천사들을 가리킨다고 깨닫습니다. 그리고 하나님의 이름에 체바오트, '만군'을 붙일 때는 하나님께서 그들에게서 섬김을 받으시는 것을 묘사하는 줄로 믿습니다.

다윗에게 하나님을 향해서 '엘로힘 체바오트'라고 부르게 하심은 성령님의 강권하시는 감동이었음에 감격합니다. 다윗에게 만군의 하나님께서 함께 하시고, 그를 지켜주신다는 약속을 받게 하심이지요.

오늘, 저에게도 하나님을 향해서 '엘로힘 체바오트'라고 부르게 하시옵소서. 제가 그렇게 부를 때, 저의 인생에 천군과 천사의 능력을 경험하게 하심이라고 확신합니다. 저를 위하여 천군과 천사를 동원하시는 하나님께 감격하고, 또 감격합니다.

그 하나님께서 자신을 회복시켜 주시고, 주의 얼굴의 광채가 비추어지기를 원했던 다윗의 간구는 바로 저에게 주시는 은혜로 깨닫습니다. 왜, 저는 회복에 대하여 간구하지를 못하였을까요? 왜, 주의 얼굴의 광채를 몰랐을까요? 저에게 구원을 얻게 하여 주시옵소서.

만군의 하나님께로 나아갑니다. 천군과 천사를 동원하여 저의 간구에 응답해 주심을 믿습니다. 엘로힘 체바오트, 아멘.

예수님의 이름으로 기도합니다. 아멘.

시 99:8하

그들의 행한 대로

갚기는 하셨으나

그들을

용서하신 하나님이시니이다.

Calligraphy design by Butnori

32. 엘 노세 - 하나님의 용서, 용서하신 하나님

하나님 아버지,
다윗이 이스라엘의 왕으로 지내는 동안에 그에게 하나님은 선민의 행실에 따라 갚으시는 곧 보응하심이셨다고 깨닫습니다. 그래서 다윗은 하나님을 말할 때, 공의를 자주 강조했던 줄로 믿습니다. 사람의 행실에 징계하심으로써 하나님께서 공의를 이루시지요.
그런데 하나님은 자기 백성에게 사랑이시라 징계로 그치지 않고, 용서해주시는 하나님을 노래한 줄로 깨닫습니다. 사람의 행위에 징계로 공의를 이루시지만 하나님을 '엘 노세'라고 하였습니다. '엘 노세', 하나님의 용서, 하나님은 용서하신다는 것을 알게 하셨습니다.
오늘, 다윗의 노래로 자기 백성에게 '엘 노세', 용서하시는 하나님을 경험하게 하시니 감사합니다. 만일, 하나님의 용서가 없으셨다면 우리는 절망할 것입니다. 하나님의 사랑에 감격스럽습니다.
'엘 노세'는 피조물을 사랑하시는 창조주의 긍휼이라고 확신합니다. 저에게도 다윗을 따라 하나님의 용서에 소망을 품게 하시옵소서. 하나님이 '엘 노세'이시므로 완성된 공의에 찬양을 드리게 하시옵소서. 이제, 용서를 받는 자로서 이웃에 대하여 용서하므로 공의를 완성하게 하시옵소서. '엘 노세' 신앙으로 천국을 이루게 하시옵소서.
예수님의 이름으로 기도합니다. 아멘.

미 6:6상

내가 무엇을 가지고

여호와 앞에

나아가며

높으신 하나님께

경배할까.

Calligraphy design by Butnori

33. 엘 마롬 – 높으신, 하늘에 계신 하나님

하나님 아버지,
이스라엘 백성의 하나님을 섬김에 대한 형식적인 태도를 나무라심에 그들은 여전히 중심이 드려지지 않은 자세를 가졌었다고 깨닫습니다. 미가 선지자가 하나님을 경외하지 않는 그들의 태도를 지적하자, 높으신 하나님께 경배하겠다는 것은 위선적이었지요.
이때, 선민은 하나님을 가리켜 '엘 마롬'이라고 하였습니다. '엘 마롬', 높으신 하나님, 하나님은 하늘에 계신다는 것이었습니다. 그러나 그들의 하나님께 대한 이러한 호칭은 위선적임을 깨닫습니다.
오늘, 하나님을 대하는 태도에 교훈을 받습니다, '엘 마롬'. 이름에 접두사나 접미어로 붙이는 칭호가 마음에서 우러나오기를 원합니다. 마음에 진실로 담겨있지 않으면서 '엘 마롬'이라 하지 않게 하시옵소서. 하나님의 칭호는 위선에 지나지 않을 것입니다. 하나님을 영화롭게 해드리기를 원합니다. 높으신 하나님, '엘 마롬'. 아멘.
하나님께 허리를 숙이고 조아리는 심정을 갖게 하시옵소서. 주인의 말을 기다리는 종과 같은 마음으로 하나님 앞에 서게 하시옵소서. '엘 마롬', 곧 하늘의 하나님께서 땅에 있는 인생을 보아주심에 감격하게 하시옵소서. 종일을 '엘 마롬'으로 지내게 하시옵소서.
예수님의 이름으로 기도합니다. 아멘.

창 14:20

너희 대적을

네 손에 붙이신

지극히 높으신 하나님을

찬송할지로다.

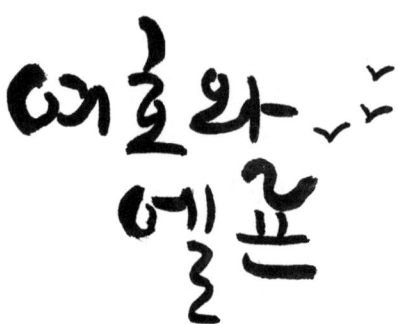

Calligraphy design by Butnori

34. 여호와 엘룐 - 지극히 높으신 하나님

하나님 아버지,

아브람이 엘람의 동맹군들을 쫓아가서 그들을 전멸하고, 롯의 가족과 빼앗겼던 재물을 찾아옴은 하나님의 은혜였다고 깨닫습니다. 그의 승전길에 당시에, 제사장이었던 멜기세덱, 그는 살렘의 왕이기도 하였는데 그가 아브람을 축복한 줄로 믿습니다. 하나님의 영광을 보여주셨지요.

멜기세덱은 전쟁에 나섰던 군인들을 위해서 떡과 포도주를 갖고 와서, 아브람을 맞이하면서 하나님을 '여호와 엘룐'이라고 하였습니다. '여호와 엘룐'은 하늘의 하나님, 하나님은 지극히 높으시다는 것이었습니다. 멜기세덱이 하나님의 영광을 찬양했음에 감격스럽습니다.

오늘, 하나님을 대할 때, 그분의 영광에 찬송을 드려야 마땅하다고 깨닫습니다. '여호와 엘룐'이라고 찬양을 드리게 하시옵소서. 그리하지 않는다면 그것은 죄악이라고 여깁니다. 인생이 누구이기에, '여호와 엘룐', 하나님의 영광에 소홀하겠습니까?

하나님을 영화롭게 해드리는 여호와 엘룐의 호칭은 창조주에 대한 피조물의 바른 행실인 줄로 믿습니다. 오늘을 지내면서 하나님을 생각하거나 이름을 부르게 된다면 마땅히 드려야 될 영광을 구하게 하시옵소서.

창조주께 영광을 드림에서 제가 살아가는 시간이 '여호와 엘룐'. 아멘.
예수님의 이름으로 기도합니다. 아멘.

창 22:14

아브라함이 그 땅을

여호와 이레라 하였으므로

오늘날까지 사람들이 이르기를

여호와의 산에서

준비되리라 하더라.

Calligraphy design by Butnori

35. 여호와 이레 - 보게 하시는 여호와, 보이시는 하나님

하나님 아버지,

아브라함에게 이삭을 제물로 드리라고 요구하신 하나님, 그 명령에 순종하여 그는 이삭을 제물로 드렸다고 깨닫습니다. 제물을 드릴 곳에 도착하여 이삭을 바치려는 하나님께서 수양 한 마리를 그를 대신하여 받으신 줄로 믿습니다. 이로써 아브라함은 자기의 믿음을 보여 드렸지요.

이삭을 대신해서 바칠 제물을 보도록 하신 하나님 앞에서 아브라함은 말하기를, '여호와 이레'라고 하였습니다. '여호와 이레'는 보게 하시다, 보여주시는 하나님이시다는 것이었습니다. 하나님께서는 아브라함이 말한 대로 이삭을 대신해서 제물로 드릴 수양을 보게 하셨습니다.

오늘, '여호와 이레' 곧 받으실 제물을 준비하시는, 그래서 예배하는 자에게 예수님을 보게 하심에 감격스럽습니다. 죄인을 구원하시려고 대신 제물이 되어 죽어주신 '여호와 이레' 주님을 보게 하시옵소서.

죽어야 될 이삭을 대신해서 하나님께서 스스로 제물로 받으실 수양을 준비하셨으니 '여호와 이레'에 감격에 또 감격스럽습니다. 십자가에서 피 흘려 제물이 되신 주님을 찬양하게 하시옵소서.

자기의 죄로 죽어야 될 인생을 대신하여 죽어주신 주님께 찬양을 드리게 하시옵소서. 제물을 주신 하나님께 찬양을 드리게 하시옵소서.

예수님의 이름으로 기도합니다. 아멘.

∝

창 15:2

아브람이 이르되

주 여호와여

무엇을 내게 주시려 하나이까

나는 자식이 없사오니

나의 상속자는

이 다메섹 사람 엘리에셀이니이다.

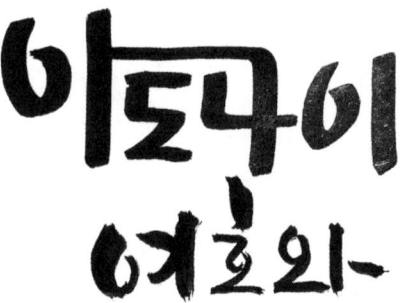

Calligraphy design by Butnori

36. 아도나이 여호와 – 주 여호와, 언약의 하나님

하나님 아버지,

아브람이 이상(환상)을 경험할 때, 하나님의 말씀이 그에게 임하여 하나님이 그에게 큰 상급이라고 하셨다고 깨닫습니다. 이상은 그 당시에, 하나님께서 사람에게 오셔서 계시하시는 한 방법이었던 줄로 믿습니다.

이상을 경험하여 신비한 힘을 느낌에서 아브람은 어떻게 하였습니까? 하나님을 '주 여호와'라고 불렀습니다. '아도나이 여호와', 하나님은 주님이시다, 인생에게 언약이 되신다는 것을 알게 해주신 줄로 믿습니다.

하나님께서 그에게 오셔서 "너로 큰 민족을 이루고 네게 복을 주어"라고 하셨지요. 아브람이 여호와의 말씀을 따라 갔다고 하였습니다. 그때부터 하나님은 언약이셨다고 믿습니다. '아도나이 여호와.' 아멘.

오늘, 아브람이 경험했던 언약의 하나님을 저에게도 경험하게 하시옵소서. 하나님은 저에게도 '아도나이 여호와', 언약의 하나님이시라고 믿습니다. 언약을 이루시는 하나님을 바라보게 하시옵소서.

아브람에게 언약을 성취해주신 하나님께서 저에게도 약속하신 것이 이루어지게 하심을 믿습니다. 그는 이상 중에 하나님을 경험했지만 저는 성경에 기록된 말씀으로 하나님을 경험하고 있습니다. 하나님께로 얼굴을 들 때마다 '아도나이 여호와'라고 부르게 하시옵소서.

예수님의 이름으로 기도합니다. 아멘.

⌒

출 15:26하

내가 애굽 사람에게 내린

모든 질병 중

하나도 너희에게 내리지 아니하리니

나는 너희를

치료하는 여호와임이라.

Calligraphy design by Butnori

37. 여호와 라파(로프) - 주는 치료자, 치료하시는 하나님

하나님 아버지,
'광야학교'의 이스라엘 백성이 광야 길을 견디지 못하여 자기들의 지도자 모세를 원망했지만 그가 하나님께 부르짖어 물을 마시게 했다고 깨닫습니다. 백성들의 원망에도 불구하고, 그들을 사랑한 참 목자 모세에게 하나님께서 마시지 못했던 물을 고쳐 주신 줄로 믿습니다. 그때, 애굽 사람들에게 내렸던 질병을 선민에게는 내리기를 원하지 않으시겠다고 하신 하나님, 자신을 치료하시는 여호와, '여호와 라파(로프)'라고 알려 주셨습니다. '여호와 라파(로프)', 하나님은 치료자이시다.

오늘, 하나님께서 자신을 '여호와 라파(로프)' 알려 주신 의미를 깨닫게 하시옵소서. 광야학교의 그들에게 '여호와 라파(로프)'이셨다면 저에게도 그리하심을 믿고, 감격하게 하시옵소서.

건강할 때 강건하도록 하셨음에 감사하고, 병이 들었을 때도 치료해 주실 것을 바라고 감사하게 하시옵소서. 하나님은 저에게 '여호와 라파(로프)'이십니다. 제 몸의 건강의 유지와 질병에 걸렸을 때의 치료는 하나님의 손에 달려 있음을 고백하게 하시옵소서.

이제, 저에게 선포하게 하시옵소서. '여호와가 누구시냐? 나의 치료자이시다. 병에 걸리기 전부터 치료하시는 아버지이시다. 아멘.'
예수님의 이름으로 기도합니다. 아멘.

출 17:15

모세가

제단을 쌓고

그 이름을

여호와 닛시라 하고.

Calligraphy design by Butnori

38. 여호와 닛시 – 승리의 기, 깃발이신 하나님

하나님 아버지,
이스라엘 백성이 아말렉과의 전쟁에서 승리한 것은 여호수아와 군사들이 전장에서 싸운 것이나 모세의 기도에 있지 않은 줄로 깨닫습니다. 그 승리는 오직 자기 백성을 보호하시고, 대적을 쳐서 무찌르시는 하나님의 은혜와 능력에 있음이라고 믿습니다. 아말렉을 물리친 후에, 모세는 단을 쌓고, 그 단을 쌓았음에 대하여 '여호와 닛시'라고 하였지요. 하나님께서 자기 백성에게 맹세하시기를, "아말렉으로 더불어 대대로 싸우리라고 하셨도다."라고 하였습니다, 모세가 찬양했던 '여호와 닛시'는 '여호와는 나의 깃발'이라고 깨닫습니다.

오늘, 선민에게 승리를 가져다주신 '여호와 닛시'를 나의 하나님으로 부르게 하시옵소서. 제가 세상에서 살아가는 동안에 만나게 되는 대적들을 향해서 '여호와 닛시'가 되심을 믿습니다. 저를 삼키려고 덤벼들던 이들은 '여호와 닛시' 앞에서 거꾸러짐을 당하고 말 것입니다. 할렐루야! 아말렉과의 전쟁에서 '여호와 닛시', 이스라엘의 대장이셨던 하나님, 저에게도 대장이 되어주심을 믿습니다. 삶의 현장이 사탄, 마귀, 귀신의 세력과 싸워내어야 하는데, 대장이신 하나님께서 앞서 나가 주시옵소서.

그리하여 제가 살아내어야 하는 시간 속에서 '여호와 닛시'가 되어 주시옵소서. 큰 싸움을 이기고, 승리의 기를 높이 들게 하시옵소서.
예수님의 이름으로 기도합니다. 아멘.

⊰⊱

출 31:13하

나는 너희를

거룩하게 하는 여호와인 줄

너희가 알게 함이라.

Calligraphy design by Butnori

39. 여호와 메카디쉬켐 – 거룩하게 하시는 하나님

하나님 아버지,
선민으로 구별되어서 하나님 앞에서 선 이스라엘 백성은 그들이 택하신 족속, 왕 같은 제사장, 거룩한 나라 그리고 하나님의 소유가 된 백성이어야 하였다고 깨닫습니다. 하나님께서는 그들에게 이러한 신분이 있음을 확인시켜 주시려고 그들을 시내산으로 오르게 하신 줄로 믿습니다.
모세는 이스라엘 백성에게 하나님을 말하기를, '여호와 메카디쉬켐'이라고 하였지요. '여호와 메카디쉬켐', 선민을 거룩하게 하시는 하나님이라고 알려 주셨습니다. 하나님 자신이 거룩하시며 그의 백성을 거룩하게 해주시는 '여호와 메카디쉬켐', 하나님이신 줄로 믿습니다.
오늘, 선민이 거룩하기를 원하셨듯이, 저에게도 '여호와 메카디쉬켐'을 강조해주심을 깨닫습니다. 그들이 안식일을 지켜 거룩해야 하였다면 저는 주일을 지켜 '여호와 메카디쉬켐'을 누리게 하시옵소서.
이 날을 지킴으로써 날들이 하나님의 것이고, 인생도 하나님께 소유되어 있음을 증거하게 하시옵소서. 하나님 앞에서 거룩해지기를 원합니다. '여호와 메카디쉬켐', 저의 소원으로 삼게 하시옵소서. 아멘.
하나님께서 선민으로 삼아주셨으니, 저의 날들을 하나님의 것으로 구별해 드리고, 오늘을 '여호와 메카디쉬켐'이 되게 하시옵소서.
예수님의 이름으로 기도합니다. 아멘.

◁×

출 34:14

너는

다른 신에게 절하지 말라

여호와는 질투라 이름하는

질투의 하나님임이니라.

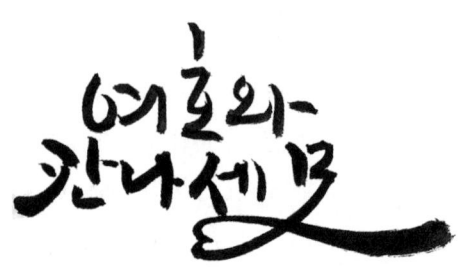

Calligraphy design by Butnori

40. 여호와 칸나 세모 - 질투라는 이름, 질투하시는 하나님

하나님 아버지,
이방인들의 땅에서는 우상숭배가 있었으나 그들은 하나님께 언약 백성은 구별되었어야 했다고 깨닫습니다. 그들은 우상을 숭배하던 단을 헐어내고, 주상(柱像)을 깨뜨리며, 아세라 상을 찍어내고, 우상에게 절하지 말아야 했던 줄로 믿습니다. 하나님은 선민에게 질투하셨으니까요.
모세는 광야교회의 성도에게 하나님을 '여호와 칸나 세모'라고 하였습니다. '여호와 칸나 세모', 자기 백성에게 질투하시는 하나님이시다는 것을 알려 주셨습니다. 선민을 향한 사랑을 질투로 나타내셨지요.
오늘, 자기 백성을 사랑하시는 하나님에 대한 깨달음을 생각합니다.
- 하나님 외에 다른 대상을 사랑해서는 안 된다는 것
- 하나님을 경외하면서 다른 대상도 경외해서는 안 된다는 것
저를 향하신 하나님의 사랑이 질투라는 사실에 감격스럽습니다. '여호와 칸나 세모.' 오직 하나님을 사랑하게 하시옵소서. 저에게 호기심을 일으키고, 관심거리들이 있게 되어도 저의 마음을 하나님께로만 갖게 하시옵소서. 하나님은 오늘도 저에게 '여호와 칸나 세모'이십니다. 할렐루야!
성령충만으로 하나님만 경외하도록 재촉해 주시옵소서. 세상에 있는 것들을 하나님의 자리에 두지 않게 하시옵소서. '여호와 칸나 세모.'
예수님의 이름으로 기도합니다. 아멘.

신 33:29하

그는 너를 돕는 방패시요

네 영광의 칼이시로다

네 대적이 네게 복종하리니

네가 그들의 높은 곳을

밟으리로다.

Calligraphy design by Butnori

41. 여호와 마겐 - 방패, 방패가 되시는 하나님

하나님 아버지,
죽음의 시간이 가까워오고 있음을 알게 된 모세는 선민을 축복했다고 깨닫습니다. 그들이 모세를 얼마나 힘들게 하였습니까? 그럼에도 죽음 앞에서 선민을 축복하였습니다. 하나님께서 그의 심령을 다스리셔서 이스라엘 백성을 위하여 축복하게 하신 줄로 믿습니다.
모세의 축복은 곧 하나님께서 복을 언약하심이셨는데, 하나님을 '여호와 마겐'이라고 하였습니다. '여호와 마겐', 하나님은 방패이시다는 것을 알려 주셨습니다. 보호를 받은 민족이었다는 것이지요. 할렐루야!
오늘, 이스라엘에 '여호와 마겐'의 하나님은 저에게도 그리 하심을 확신하게 하십니다. 저에게 '여호와 마겐'으로 오심은 불가항력적인 은혜인 줄로 믿습니다. '여호와 마겐'을 찬양의 노래로 삼게 하시옵소서.
- 저를 미혹하려고 덤벼드는 세력에게 방패가 되어 주시옵소서.
- 세상의 것들이 공격해 올 때, 방패가 되어 주시옵소서.
저에게는 방패가 필요합니다. 오늘, 하나님은 '여호와 마겐'이십니다. 하나님을 영화롭게 해드리는 삶으로 영광을 드리려는데 훼방하는 온갖 것들로부터 보호를 받는 방패가 되어주심을 믿습니다. 방패가 되어 주심으로 제가 '행복한 사람'이라는 것을 열방에 알리게 하시옵소서.
예수님의 이름으로 기도합니다. 아멘.

◯≺

신 33:29하

그는 너를 돕는 방패시요

네 영광의 칼이시로다

네 대적이 네게 복종하리니

네가 그들의 높은 곳을 밟으리로다.

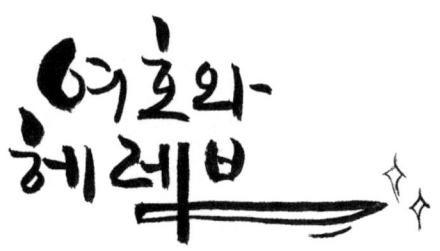

Calligraphy design by Butnori

42. 여호와 헤레브 - 영광의 칼

하나님 아버지,
선민에게는 가나안 땅을 정복하라는 명령이 내려졌는데, 하나님은 그들이 그곳의 원주민들을 몰아내고 그 땅을 정복하도록 함께 하셨다고 깨닫습니다. 하나님께서 이스라엘 백성에게 칼이 되어 주셨고, 원주민들은 그들 앞에서 엎드려지게 하신 줄로 믿습니다.
그 승리의 노래를 하면서 모세는 하나님을 이스라엘에게 '여호와 헤레브'라고 찬양하였지요. '여호와 헤레브', 영광의 칼, 칼이 되시는 하나님이시다는 것을 선포한 줄로 믿습니다.
오늘, 자기 백성을 위하여 '여호와 헤레브', 칼이 되어 주시는 하나님을 묵상합니다. 성도의 삶을 살아가는 현장에서 대적을 친히 무찌르시는 '여호와 헤레브'가 계시니 누구를, 무엇을 두려워 하리요. 복음으로 세상을 정복하러 나갈 때, 대적을 치실 것을 바라봅니다.
하나님께서 선민을 위하여 이방의 무리를 쫓아내셨던 것을 기억하면서 '복음 전쟁'을 하러 나가게 하시옵소서. 인생을 종으로 부리고 있는 사탄, 원수 마귀, 귀신의 세력과 싸우려고 나아가게 하시옵소서. 두려워하지 않고, 담대하게 하시옵소서. '여호와 헤레브', 아멘
세상을 정복하는 저에게 하나님은 '여호와 헤레브'이심을 믿습니다.
예수님의 이름으로 기도합니다. 아멘.

◯<

수 3:11

보라

온 땅의 주의 언약궤가

너희 앞에서

요단을 건너가나니.

Calligraphy design by Butnori

43. 여호와 아돈 콜 하아레츠 – 온 땅의 주

하나님 아버지,

언약궤를 맨 제사장이 앞에서 요단강을 건너도록 하셨음에 감사합니다. 선민이 건너야 될 요단강, 언약궤가 앞에 가도록 하심은 하나님께서 그 강을 건너시겠다고 하신 줄로 믿습니다.

하나님께서 요단을 건너시고 이스라엘 백성은 그 뒤를 따르기만 하면 될 것이었지요. 그때, 모세는 하나님을 '여호와 아돈 콜 하아레츠'라고 하였습니다. '여호와 아돈 콜 하아레츠', 온 땅의 주, 땅의 주인이시다는 것을 알도록 하신 줄로 믿습니다.

그런데, 선민에게 요구하셨던 것을 먼저 깨닫게 하시옵소서. 하나님께서는 물을 가르시고 그들이 발을 딛고 건너게 하지 않으셨습니다. 그들이 흐르는 물에 발을 디며 놓으면 물을 갈라 주셨습니다.

요단을 건넘은 두렵지 않았으리라 깨닫습니다. 온 땅의 주인이신 하나님이 흐르던 물을 갈라 주셨으니까요. '여호와 아돈 콜 하아레츠.' 선민이 경험했던 하나님을 오늘, 저에게도 누리라 하심이시니 감격스럽습니다. 제가 홀로 길을 간다고 여겨져 외로움을 탈 때, '여호와 아돈 콜 하아레츠'를 생각하게 하시옵소서. '온 땅의 주'께서 여기에 계시니 오히려 찬송을 드리게 하시옵소서. 할렐루야!

예수님의 이름으로 기도합니다. 아멘.

삿 6:12

여호와의 사자가

기드온에게 나타나 이르되

큰 용사여 여호와께서

너와 함께 계시도다 하매.

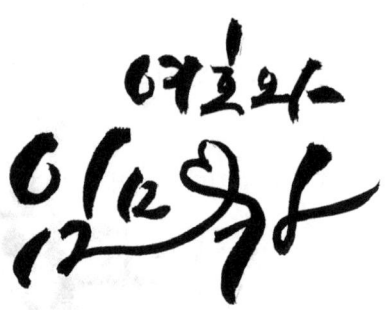

Calligraphy design by Butnori

44. 여호와 임므카 - 함께 하시는 하나님

하나님 아버지,
하나님의 사람은 신분이 귀하다고 여기던 시절에, 비천한 사람 기드온을 "큰 용사여"라고 부르셨다고 깨닫습니다. 머뭇거리는 그에게 "큰 용사여 여호와께서 너와 함께 계시도다." 라고 하셨습니다.
선민을 구원하시려고 기드온을 선택하신 하나님, 여호와의 사자는 그에게 하나님을 '여호와 임므카'라고 하였지요. '여호와 임므카', 함께 하시다, 하나님이 기드온에게 함께 하신다는 것을 알도록 하신 줄로 믿습니다. 그때, 기드온이 얼마나 담대하였을까요?
오늘, 기드온을 통해서 자기 백성에게 함께 하심을 언약하셨음에 감격스럽습니다. 세상에서 지내는 동안에 저만 뒤로 처지는 것 같았고, 외톨이로 여겨졌는데, '여호와 임므카'를 알지 못했던 까닭이었지요. '여호와 임므카', 하나님이 함께 하시다. 가슴이 벅차오르면서 눈물이 맺힙니다. 여호와의 사자가 전해주었던 음성이 저의 귀에 쨍쨍하게 들려옴은 무엇인지요? 지금의 저는, 매우 연약하고 능력도 없고, 한심스러운데 '여호와 임므카'를 귀에 박히게 하시니 감사합니다.
하나님 앞에서 겸손하게 응답하게 하시옵소서. 저의 기도와 눈물, 그리고 드림으로 구원 역사를 이루게 하시옵소서. '여호와 임므카.'
예수님의 이름으로 기도드립니다. 아멘.

삿 6:24상

기드온이

여호와를 위하여

거기서 제단을 쌓고

그것을 여호와 살롬이라

하였더라.

Calligraphy design by Butnori

45. 여호와 살롬 - 평강, 하나님은 평강이시다

하나님 아버지,
이스라엘 땅에 미디안 족속이 침략하여 그들의 양식이 떨어지고, 말할 수 없는 형편이 이르자, 여호와께 부르짖었다고 깨닫습니다. 하나님께서 한 선지자를 그들에게 보내셔서 선민이 하나님의 목소리를 듣지 않아서 고난을 당하게 되었다고 알려 주신 줄로 믿습니다.
여호와의 사자가 기드온에게 와서, 대면을 한 후에, 그는 제단을 쌓으면서 '여호와 살롬'이라고 이름을 지었습니다. '여호와 살롬', 평화가 되심, 하나님은 평강이시다는 것을 알게 해주신 줄로 믿습니다.
오늘, 기드온에게 경험하도록 하신 '여호와 살롬', 하나님의 평안이 저에게 약속된 줄로 믿습니다. 평안을 언약해 주셨음을 찬양합니다.
미디안의 괴롭힘으로 말미암아 평안을 잃은 선민에게 하나님은 평강이시라는 메시지가 얼마나 위로가 되었을까요? 자신들의 죄로 말미암아 하나님 앞에서 진노를 샀지만 '여호와 살롬', 아버지의 사랑에 감격합니다. 저에게도 하나님은 회복해 주시는 아버지이십니다.
진노의 대상이 되었지만 다시 찾아 오셔서 회복시켜 주심에 감사하게 하시옵소서. 저에게 죄를 회개하게 하시며, '여호와 살롬'을 누리게 하실 줄로 믿습니다. '여호와 살롬'을 찬양하게 하시옵소서.
예수님의 이름으로 기도합니다. 아멘.

⊂✗

삿 11:27하

원하건대

심판하시는 여호와께서

오늘 이스라엘 자손과

암몬 자손 사이에

판결하시옵소서 하였으나.

Calligraphy design by Butnori

46. 여호와 하쇼페트 – 심판하시는 하나님

하나님 아버지,
선민에게 그들이 점령한 땅을 내어놓으라는 암몬의 왕, 입다는 그 땅이 아모리 사람들을 몰아내고 점령한 땅이라고 하면서 암몬 왕을 설득했다고 깨닫습니다. 그러나 암몬의 왕은 막무가내였지요. 전쟁을 할 수 밖에 없게 된 것입니다.

입다는 암몬의 왕과 대화로 풀어가지 못하자, '여호와 하쇼페트', 곧 하나님의 심판에 맡긴다고 하였습니다. '여호와 하쇼페트', 심판, 하나님께서 판결하신다는 것을 알게 해준 줄로 믿습니다.

오늘, 입다에게서 역사에 간섭하시는 하나님을 깨닫습니다. 자신이 평화를 원하지만 '여호와 하쇼페트', 하나님께 맡기겠다는 입다의 말에서 크리스천의 생각을 깨닫습니다. '여호와 하쇼페트.' 할렐루야!

제가 가져야 될 생각을 알게 하신 하나님을 찬양합니다. 사람의 삶과 세상에서의 일들에 간섭하시는 하나님 뜻, 거기에 자신을 맡김, 곧 '여호와 하쇼페트'가 크리스천의 자세인 줄로 믿습니다.

저의 삶에서 '여호와 하쇼페트'를 생애의 키워드로 삼게 하시옵소서. 저의 삶에서, 결코 서두르지 않고, '여호와 하쇼페트'를 경험하게 하시옵소서. 제 인생의 시간을 하나님의 판결에 맡기게 하시옵소서.

예수님의 이름으로 기도합니다. 아멘.

겔 48:35

그 사방의 합계는

만 팔천 척이라

그 날 후로는

그 성읍의 이름을

여호와 삼마라 하리라.

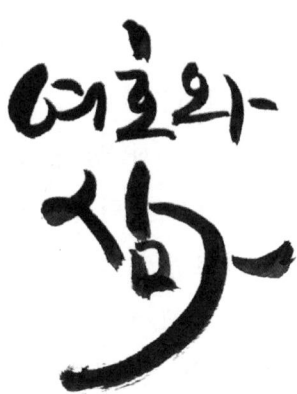

Calligraphy design by Butnori

47. 여호와 삼마 – 함께, 함께 하시는 하나님

하나님 아버지,

하나님의 진노가 임하여 선민은 바벨론으로 끌려갔다고 깨닫습니다. 하나님께서 정하신 시간, 70년 지나 그들은 고국으로 돌아왔고, 이스라엘은 회복된 줄로 믿습니다. 하나님께서 회복시켜 주셨습니다.

회복의 은총은 그들에게 거룩한 성읍을 갖도록 하였고, 그 성읍의 이름을 '여호와 삼마'라고 하셨습니다. '여호와 삼마', 하나님께서 이스라엘을 회복시키셨고, 회복된 그곳에 하나님께서 함께 하시다는 것을 알게 해준 줄로 믿습니다.

오늘, 죄인이었던 저를 부르시고(선택) 의인이라 하심(회복)을 깨달을 때, 감격스럽습니다. 회복해 주시면서 '여호와 삼마'를 약속해 주신 줄로 믿습니다. 회복하시고 함께 해 주시는 은혜에 찬양을 드립니다.

이제, 저에게 새 마음을 주시옵소서. 죄인에서 의인으로 바꾸어 주신 감격을 마음에 채워주시옵소서. 그리고 새 기도를 가르쳐 주시옵소서. 함께 하시는 하나님의 품에서 지내기를 간구하게 하시옵소서. 땅에서 지내지만 하늘을 주소지로 삼게 하시옵소서. 할렐루야!

저의 이름도 바꾸어 새 이름, '여호와 삼마'라고 부르게 하시옵소서. 하나님이 함께 하시는데 내가 왜 주저하리요! 무엇이든 하리라.

예수님의 이름으로 기도합니다. 아멘.

◁⊱

삼상 1:3

이 사람이

매년 자기 성읍에서 나와서

실로에 올라가서

만군의 여호와께 예배하며

제사를 드렸는데.

Calligraphy design by Butnori

48. 여호와 체바오트 - 만군의, 만군의 하나님

하나님 아버지,
엘가나는 유대인의 거룩한 백성이어서 자기가 사는 마을에서 나와 성소에서 해마다 제사를 드렸다고 깨닫습니다. 그는 만군의 여호와께 예배하며 제사를 드렸던 줄로 믿습니다. 엘가나가 예배한 하나님을 만군의 여호와, 곧 '여호와 체바오트'라고 하였습니다.
'여호와 체바오트', 하늘과 땅과 전 우주의 군대를 통치하시며 지휘하시는 하나님이라는 뜻이지요. 이 이름은 전 우주에 대한 하나님의 통치권(하늘의 군대)을 직접적으로 지칭한 줄로 믿습니다.
오늘, 하나님을 '여호와 체바오트'로 부르게 하시니 감사합니다. 하늘의 천사들과 우주의 모든 권세를 갖고 계신 하나님께 그 이름에 맞는 영광을 바치게 하시옵소서. 세상의 모든 만물 그리고 세상의 모든 것이 하나님의 다스림 아래에 있음을 고백하게 하시옵소서.
하나님은 우주의 창조주이시므로 세상이 '여호와 체바오트' 안에서 움직여짐에 영광을 찬미하게 하시옵소서. 그때, 저에게도 창조주를 창조주로 인정해 드림에서 피조물의 평안이 누려지기를 원합니다.
오래 전에 엘가나가 매년제를 드리려고 실로를 찾았을 때처럼 저도 하나님을 아버지라고, '여호와 체바오트'라고 부르게 하시옵소서.
예수님의 이름으로 기도합니다. 아멘.

시 3:3

여호와여

주는 나의 방패시요

나의 영광이시요

나의 머리를

드시는 자이시니이다.

Calligraphy design by Butnori

49. 여호와 카보디 - 영광의, 하나님은 나의 영광

하나님 아버지,
골리앗에게 다윗이 나아갈 때, 그는 두려움이었을지도 모릅니다. 기골이 장대하였고, 완전무장까지 갖추었다고 생각합니다. 당시에, 그를 가리켜 싸움을 돋우는 자라고 하였으니 겁을 먹을만했겠지요.
그를 누가 싸우겠다고 대항해서 나아가겠습니까? 그러나 다윗에게는 골리앗이 갖지 못한 무기가 있었는데, 하나님이셨던 줄로 믿습니다. 하나님을 '여호와 카보디'라고 하였습니다. '여호와 카보디', 영광, 하나님은 나에게 영광이시다는 것을 알게 해준 줄로 믿습니다.
오늘, '여호와 카보디'를 저의 것으로 삼게 하시옵소서. 다윗이 '싸움을 돋우는' 자를 거꾸러뜨린 비결이 '여호와 카보디'에 있는 줄로 믿습니다. 하나님의 영광을 증언하는 '여호와 카보디' 앞에서 골리앗은 기골의 장대함이, 그가 입은 갑옷이, 큰 방패도 소용이 없었지요.
저에게도 그리하심을 믿습니다. 세상에서 대적을 하며 싸워야 하는데, 저의 무기는 칼과 단창이 아니라 '여호와 카보디'이십니다. 아멘.
하나님께서 영광이 되어주심을 간절히 부르짖게 하시옵소서.
다윗이 아들의 배신으로 도망을 다니는 신세에서 '여호와 카보디' 되어주신 하나님, 저에게도 '여호와 카보디'라고 선포하게 하시옵소서.
예수님의 이름으로 기도합니다. 아멘.

시 18:2상

여호와는

나의

반석이시요 .

Calligraphy design by Butnori

50. 여호와 추르 - 나의 반석, 큰 산이신 하나님

하나님 아버지,

사울 왕이 시기에 붙잡혀서 다윗을 죽이려고 할 때, 다윗은 줄곧 사울을 피해 이리 저리 도망을 다녀야 하였고, 사울은 그 뒤를 쫓았던 것을 깨닫습니다. 그때, 하나님께서 그에게 피난처가 되어주신 줄로 믿습니다.

기가 막힌 위기에서 하나님은 그에게 피할 곳이 되어주셨습니다. 그 신비함은 다윗에게 '여호와 추르'라고 말하게 하신 줄로 여깁니다. '여호와 추르', 하나님은 나의 반석, 나를 숨겨 주신 큰 산이시다는 것을 고백하도록 하였습니다. 찬양을 드린 것이지요.

오늘, 자신을 시기하는 사울의 손에서 다윗을 보호하셨던 '여호와 추르'를 저의 고백으로 삼게 하시옵소서. 크리스천으로 살아가기를 원하는 저에게 세상은 마음을 놓을 수 없게 합니다. 저를 자녀로 삼으시고, 기름을 부어주셨으니 '여호와 추르'를 누리게 하시옵소서.

미처 사탄의 공격을 피하여 숨지 못하였을 때, '여호와 추르'가 되어 주시옵소서. 저를 대적하는 세력이 온갖 것으로 유혹을 하거나 공격해 올 때, '여호와 추르'가 되어 주시옵소서.

저는 압니다. 제가 피하는 것으로 이기지 못하고, 하나님께서 숨겨주시든지 가려주셔야 된다는 것을. 그러니 저를 쓰러뜨리려는 죄의 본성을 대적해 주시옵소서. 공격해 오는 사탄을 대적해 주시옵소서.

예수님의 이름으로 기도합니다. 아멘.

시 18:2상

여호와는

...

나의

요새시오.

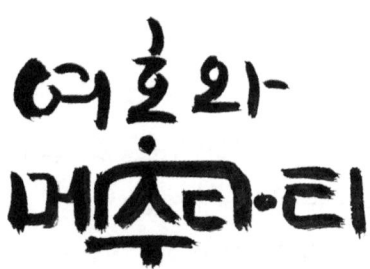

Calligraphy design by Butnori

51. 여호와 메추다티 - 요새, 요새이신 하나님

하나님 아버지,
다윗은 연약한 사람이었지만 하나님께서 그에게 힘이 되어 주셔서 사울 왕이 그를 시기하였으나 다윗을 건드리지 못하였다고 깨닫습니다. 하나님께서 힘이 되어 주시며, 시시로 지켜 주시니 누가 그를 죽이겠습니까?
사울은 늘 올무를 놓았지만 하나님께서 살려 주신 줄로 믿습니다. 사울로 말미암은 위기에서 하나님께서 구해주셨음을 깨달은 다윗, 그는 하나님을 '여호와 메추다티'라고 하였습니다. '여호와 메추다티', 요새, 하나님이 요새가 되어주셨음에 찬양을 드렸습니다.
오늘, 다윗이 요새에 숨어서 생명을 보호받았음에 감격했던 찬양, '여호와 메추다티'를 선물로 받음을 경험합니다. 저에게 '여호와 메추다티'를 약속해 주심을 깨닫습니다. 제가 누구라고 이러한 은혜를 누리게 하십니까? 요새가 되어주시니 감격하며, 감사할 뿐입니다.
그러니 지금, 저의 입술을 벌려 '여호와 메추다티'를 노래하게 하시옵소서. 제가 부르는 노래가 기도가 되고, 믿음을 고백함이 되어서 저를 공격하고, 죽이려 하는 세상에서 보호를 받게 하시옵소서.
세상이 공격하기 어려운 험한 곳, 그곳으로 이끌어서 보호해 주시는 하나님께 찬양을 드리게 하시옵소서. '여호와 메추다티'가 저의 신앙고백이 되어 세상에 내어놓은 간증으로 삼게 하시옵소서. 할렐루야!
예수님의 이름으로 기도합니다. 아멘.

☓

시 18:2중

여호와는

...

나를

건지시는 이시오.

Calligraphy design by Butnori

52. 여호와 메팔티 - 건짐, 건져주시는 하나님

하나님 아버지,

다윗은 그 동안, 길었던 도피생활을 회상하면서 하나님의 구원을 깨달았다고 여깁니다. 그러니, 마침내 자신을 사울과 그 대적들의 손에서 구원해주신 하나님을 찬송함으로써 감사한 줄로 믿습니다.

사울은 다윗을 죽이려고 사람이 할 수 있는 비책은 다 써보았지만 그가 놓은 덫은 그때마다 무너졌지요. 이를 기억할 때, 다윗은 위기에서 건져주신, '여호와 메팔티', 건지시는 하나님을 외쳤다고 여깁니다. 그의 입술로 '여호와 메팔티'를 간증하게 하시니 감사합니다.

오늘, 다윗이 대적들에게 구원 받았던 은총, '여호와 메팔티'를 저의 목소리로 외치게 하시옵소서. 다윗을 지켜 주셨던 하나님이 나의 하나님, '여호와 메팔티'이시라는 것을 선포하게 하시옵소서. 하나님은 자기에게 구원을 구하는 자에게 '여호와 메팔티'이십니다. 할렐루야!

하나님께서 다윗에게 힘이 되어 주셨다면, 지금, 저에게도 그리 하시리라 확신합니다. 이로써 하나님께서 힘이 되어 주는 사람은 참으로 강하다는 것을 선포하게 하시옵소서.

인생이 무엇을 구해야 합니까? 하나님께서 함께 하심을 의지해야 하는 줄로 믿습니다. 크리스천은 무엇으로 지내야 합니까? 하나님께의 간절함인 줄로 믿습니다.

저에게 '여호와 메팔티'를 구하게 하시옵소서.

예수님의 이름으로 기도합니다. 아멘.

⊂≻

시 18:2중

여호와는

...

나의

하나님이시오.

Calligraphy design by Butnori

53. 여호와 엘리 - 나의 하나님

하나님 아버지,

다윗은 사울과 그 대적들에게 쫓길 때에 요새에 숨어서 보호를 받았다고 깨닫습니다. 그렇지만 요새가 그를 보호해 주지는 않은 줄로 믿습니다. 그에게 하나님이 되셔서 생명을 지켜주신 분은 하나님이셨지요.

사울도 하나님을 불렀지만, 그에게는 하나님이 되어 주시지 않으셨지요. 다윗은 자기에게 하나님이 되어 주셨음을 깨닫자, '여호와 엘리'라고 하였습니다. '여호와 엘리', 나의 하나님이시다는 고백이었습니다. 다윗의 고백, '여호와 엘리'를 저의 입술에서도 고백되게 하십니다.

오늘, 하나님을 말할 때, '여호와 엘리'라고 고백하게 하시옵소서. 사울이 망했던 것은 그가 하나님을 '여호와 엘리'로 경외하지 않아서인 줄로 깨닫습니다. 하나님께서 저를 불쌍히 여기신다면 제 입술에서 '여호와 엘리'를 잊지 않게 하시옵소서. '나의 하나님.' 할렐루야!

정말입니다. 하나님을 예배하는 시간에만 부르는 대상으로 삼지 않게 하시옵소서. 기도를 할 때, 부르는 대상으로 만족하지 않게 하시옵소서. 그때의 '하나님'이라는 칭호는 객관적일 뿐입니다. 다윗에게 '여호와 엘리'를 부르게 하셨다면 그 은혜는 저의 것입니다. 아멘.

누가 저에게 하나님이 누구시냐고 묻는다면 '여호와 엘리'라고 말하게 하시옵소서. 그리고 오늘을 '여호와 엘리'로 지내게 하시옵소서.

예수님의 이름으로 기도합니다. 아멘.

⊂✕

시 18:2하

여호와는

…

내가

그 안에 피할

나의 바위시요.

Calligraphy design by Butnori

54. 여호와 살리 – 바위, 피하게 하심

하나님 아버지,
대적이 일어나서 괴롭히기는 하겠지만 칠 수 없는 사람, 그는 도리어 대적의 간담을 서늘하게 하여 복되다고 깨닫습니다. 대적이 온갖 수단을 동원해서 치려 하지만 하나님께서 보호해 주심을 믿습니다.
사울의 대적을 그때마다 헛수고로 만드시고, 피하게 하심에서 감사를 고백한 다윗을 생각합니다. 그때, '여호와 살리'라고 찬양을 드렸습니다. '여호와 살리', 바위, 피하게 하신다는 것을 알게 하였습니다.
오늘, 하나님께서는 저에게도 '여호와 살리'이신 줄로 확신합니다. 하나님께서는 전에도 '여호와 살리'이셨습니다. 다만 깨닫지 못하고 지냈을 뿐이지요. 이제는 '여호와 살리'를 선포하게 하시옵소서. '여호와 살리'라는 찬양은 저에게 하나님을 사랑하도록 합니다. 아멘.
다윗에게 피할 바위가 되어 주셨음은 저에게도 그리하시겠다는 보장이라고 여깁니다. 제가 몰랐을 때는 부르짖음이 없이 고난을 당하였지만 이제부터는 부르짖게 하시옵소서. '여호와 살리.' 할렐루야!
그러니, 저에게 어려움을 당할 때마다, '여호와 살리'로 부르짖게 하시옵소서. 어떤 환경에서도 '여호와 살리'를 외치게 하시옵소서. 저의 부르짖음에 응답하시고, 대적들이 보도록 구원해 주실 것입니다. 살아가는 날 동안에 피할 바위의 하나님께 찬양을 드리게 하시옵소서.
예수님의 이름으로 기도합니다. 아멘.

시 18:2하

여호와는

...

나의

구원의 뿔이시요.

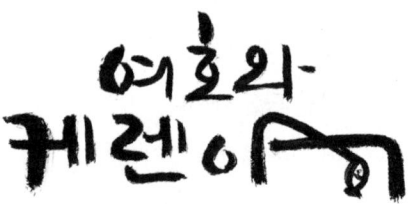

Calligraphy design by Butnori

55. 여호와 케렌 이스이 – 구원해 주시는 하나님

하나님 아버지,

다윗의 울부짖음을 들으신 하나님, 목숨을 잃을 수밖에 없었던 위기의 순간에, 기적처럼 그의 생명을 지켜주셨다고 깨닫습니다. 하나님께서 다윗을 선택하신 날부터 그의 편이 되어 보호하신 줄로 믿습니다.

자신에게 기름을 부어 주신 여호와, 자기의 생명을 대적들의 계획에서 구원해 주신 하나님께 다윗은 '여호와 케렌 이스이'라고 감격하였습니다. '여호와 케렌 이스이', 구원해주심, 하나님은 자기 백성에게 구원의 뿔이시다는 것을 알게 해주신 줄로 믿습니다.

오늘, 다윗에게 구원의 뿔이라고 찬양을 받으신 하나님은 저에게도 '여호와 케렌 이스이'이심을 찬양하게 하시옵소서. 다윗과 함께 '여호와 케렌 이스이'를 높이 외치면서 오늘을 지내게 하시옵소서.

이제, 저는 두려워하지 않을 겁니다. 오늘 이후로 제가 어떤 상황에 놓일지라도 하나님이 구원의 뿔이심을 기다릴 것입니다. 세상은 저를 쓰러뜨리려 할지라도 기름을 부어주셨으니, '여호와 케렌 이스이'를 소리 높여 외치게 하시옵소서.

마귀는 저를 치려고 한 길로 왔지만 일곱 길로 도망갈 것이라고 확신합니다. '여호와 케렌 이스이' 앞에서 누구를 두려워하리요! 아멘.

오늘은 종일 구원의 뿔이신 하나님을 찬양을 드리게 하시옵소서.

예수님의 이름으로 기도합니다. 아멘.

시 18:2하

여호와는

...

나의

산성이시로다.

여호와-
비쉬가비

Calligraphy design by Butnori

56. 여호와 미쉬가비 – 산성, 산성이신 하나님

하나님 아버지,

사울 왕은 다윗을 죽이려고 호시탐탐 기회를 노렸지만 번번이 실패하고 말았음을 생각합니다. 적이 침입을 하였지만 최후의 방어선이 설치되어서 공략을 하지 못한 것과 같다고 여겨집니다.

다윗은 자신에게 안전한 피난처가 되어주신 여호와의 은혜를 깨닫고, 하나님을 '여호와 미쉬가비'로 불렀습니다. '여호와 미쉬가비', 산성, 하나님은 의지하는 자에게 산성이시다는 것을 알게 해주신 줄로 믿습니다. 하나님은 다윗이 부르짖을 때마다 그를 보호해주셨지요.

오늘, 과연 저에게도 하나님은 '여호와 미쉬가비', 산성이셨음을 고백합니다. 험한 바위가 되어 적이 공격해 올 수 없었던 산성. 아멘.

하나님은 저에게 든든한 보호자가 되어 주셨습니다. 다윗은 그 은혜를 떠올리며 '여호와 미쉬가비'라고 찬양하였는데, 저는 그렇지 못하였습니다. 용서해 주시옵소서. 찬양을 드립니다. '여호와 미쉬가비.'

이제, 저도 저를 대적하는 이들로부터 공격을 받을 때 '여호와 미쉬가비'를 읊조리게 하시옵소서. 적을 두려하기보다 먼저 찬송을 받기에 합당하신 여호와께 나아가 부르짖게 하시옵소서. '여호와 미쉬가비.'

원수들에게서 구원을 받게 하실 하나님께 찬양을 드립니다. 원수들이 물러남을 보면서 '여호와 미쉬가비'를 외쳐 감격하게 하시옵소서. 예수님의 이름으로 기도합니다. 아멘.

시 10:16

여호와께서는

영원무궁하도록 왕이시니

이방 나라들이

주의 땅에서

멸망하였나이다.

여호와 멜렉올람

Calligraphy design by Butnori

57. 여호와 멜렉 올람 – 영원한 왕, 영원히 왕이신 하나님

하나님 아버지,

열방이 시끄러운데도 하나님은 잠잠하시니 그의 영광이 떠난 것 같지만 하나님의 다스리심은 영원하시다는 것을 깨닫습니다. 하나님의 통치는 중단되지 않고, 창조 이후로 계속되고 있는 줄로 믿습니다.

하나님의 영원하심을 깨달은 다윗은 '여호와 멜렉 올람', 하나님께서 영원히 함께 계시다는 찬양을 올려 드렸지요. '여호와 멜렉 올람', 영원한 왕, 하나님은 영원히 왕이시다는 것을 알게 해주신 줄로 믿습니다. 하나님은 피조물들에게 영원히 왕이십니다. 아멘.

오늘, 다윗이 하나님께 드렸던 찬송을 저에게 알려 주시려고 그에게 '여호와 멜렉 올람'을 알게 하신 줄로 믿습니다. 그러니 오늘 이후로 저의 입술에 '여호와 멜렉 올람'을 담아 주시옵소서. 하나님께 찬양을 드릴 때, '여호와 멜렉 올람'이라고 소리치게 하시옵소서.

하나님을 예배하려고 교회에 들어설 때, '여호와 멜렉 올람'을 읊조리게 하시옵소서. 저에게 간절한 기도가 있어도 먼저, '여호와 멜렉 올람'을 소리 내어서 하나님을 찬양하게 하시옵소서. 하나님께 영광을 드림은 모든 것에서 우선이 되어야 한다고 확신합니다.

제가 '여호와 멜렉 올람'으로 영광을 선포할 때, 대적들이 무너질 줄로 믿습니다. 악한 세력이 거꾸러지게 하시옵소서. 할렐루야!

예수님의 이름으로 기도합니다. 아멘.

⊂✕

시 23:1

여호와는

나의 목자시니

내게 부족함이

없으리로다.

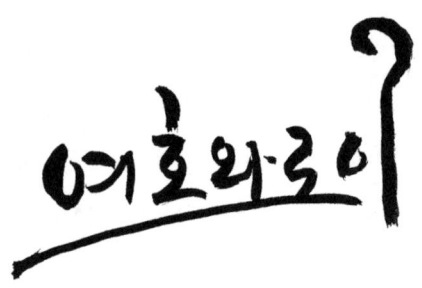

Calligraphy design by Butnori

58. 여호와 로이 - 목자, 나의 목자 하나님

하나님 아버지,
자기 백성을 인도하시고, 의지하는 자에게 풍성하게 채워주시는 하나님은 인생의 목자라고 깨닫습니다. 다윗의 숱한 고난과 외로움의 시간에 하나님은 그에게 견고한 신뢰가 되어주신 줄로 믿습니다.
자신의 길을 인도해 주셨으며, 원수가 해치지 못하도록 막아주시고, 지켜주신 하나님을 다윗은 '여호와 로이'라고 하였습니다. '여호와 로이', 하나님은 목자이시다는 것을 알게 해주신 줄로 믿습니다.
오늘, 다윗이 하나님을 '여호와 로이'라고 부른 고백을 저의 것으로 삼습니다. 다윗이 인생을 대표해서 고백하였으니 저도 거기에 포함이 된 줄로 믿습니다. 하나님은 저에게 '여호와 로이'이십니다. 아멘.
누구를 목자라고 합니까? 신실함으로 인도하고, 자비로움으로 돌보는 자라고 깨닫습니다. 과연, 하나님께서는 다윗에게 그리하셨지요. 저에게도 '여호와 로이'라고 약속해 주셨음에 감격합니다.
여호와께서 목자이시므로 자기에게는 부족함이 없다고 찬양을 드렸던 다윗, 저도 그리 고백하게 하시옵소서. 지금, '여호와 로이', 하나님은 저에게 필요한 모든 것을 알고 계심을 믿습니다. 그리고 제가 그 모든 것을 누리도록 인도해 주시리라는 확신을 갖습니다.
'여호와 로이' 앞에서 부족함이 없이 지냄을 바라보게 하시옵소서.
예수님의 이름으로 기도합니다. 아멘.

⊂⊃

시 24:8

영광의 왕이

누구시냐

강하고 능한 여호와시요

전쟁에 능한

여호와시로다.

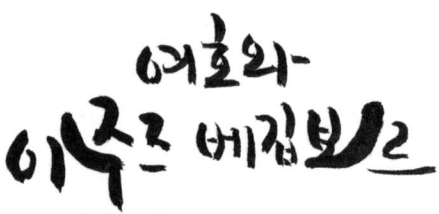

Calligraphy design by Butnori

59. 여호와 이주즈 베깁보르 – 강하심, 능하신 하나님

하나님 아버지,
전투에서 이긴 다윗은 예루살렘 성으로 들어 올 때 이기신 하나님께 대한 감격에 벅찼다고 깨닫습니다. 그는 언약궤를 자신이 준비한 시온의 성막에 안치한 줄로 믿습니다. 그가 얼마나 감격스러웠을까요? 그때, 축제행렬의 찬양대원들은 하나님을 높여 '여호와 이주즈 베깁보르'라고 하였습니다. '여호와 이주즈 베깁보르', 강함, 하나님은 능하시다는 것을 알게 해주신 줄로 믿습니다. 능하신 하나님. 아멘.
오늘, 영광을 받으실 하나님이 '여호와 이주즈 베깁보르'이심을 배웁니다. 언약궤를 멘 축제행렬을 따라서 저도 예배로 나아갈 때, '여호와 이주즈 베깁보르'라고 찬양을 드리게 하시옵소서. 자기 백성을 위하여 강하고 힘이 세신 하나님께 찬양을 드립니다.
선민이 대적과의 전투에서 이길 수 있었던 비결이 하나님께 있었음을 확인합니다. 그들의 하나님, 지금 나의 하나님은 '여호와 이주즈 베깁보르'이시니 의지하는 자에게 승리를 안겨주시는 줄로 믿습니다.
주님은 어떠하셨는지요? 사탄과 싸우셔야 하셨을 때, 이기셨습니다. 예수님은 싸움에 능하신 영적 전사이셨지요. 사탄을 결박하시고, 이 땅에 구원과 승리를 안겨주셨음을 기억하게 하시옵소서. 할렐루야!
예수님의 이름으로 기도합니다. 아멘.

ᗢ

시 24:8

영광의 왕이

누구시냐

강하고 능한 여호와시요

전쟁에 능한

여호와시로다.

Calligraphy design by Butnori

60. 여호와 깁보르 밀카마 – 전쟁에 능하신 하나님

하나님 아버지,
다윗과 이스라엘 선민은 전쟁에서 여호와의 언약궤를 앞세워 이기었음을 깨닫습니다. 그들이 여호와를 의지하여 싸울 때, 하나님께서 승리를 안겨 주셨지요. 하나님은 전쟁에 능하셨기 때문이었습니다.
예루살렘 성으로 들어가던 찬양대원들은 주고받는 노래에서 하나님을 '여호와 깁보르 밀카마'라고 하였습니다. '여호와 깁보르 밀카마', 하나님은 전쟁에 능하시다는 것을 알게 해주신 줄로 믿습니다.
오늘, 크리스천은 공중권세를 잡은 자와 전투를 벌여 이겨야만 하는 줄로 믿습니다. 그러니 '여호와 깁보르 밀카마', 하나님께서 함께 하심을 믿고, 여호와를 의지하게 하시옵소서. 하나님을 불신하는 죄를 짓지 않고, '여호와 깁보르 밀카마'를 소리치게 하시옵소서.
하나님은 전쟁에 능하신데, 인생이 왜 지고 마는지요? 하나님께 순종하지 않아서라고 여깁니다. '여호와 깁보르 밀카마'를 고백하면서 하나님을 의지해야 하는데, 자기의 생각을 갖기 때문입니다.
하나님은 '여호와 깁보르 밀카마.' 아멘. 이보다 더 확실한 보장이 어디에 있습니까? '여호와 깁보르 밀카마'를 입에서 떨어뜨리지 않게 하시옵소서. 하나님은 저에게 '여호와 깁보르 밀카마'이십니다.
예수님의 이름으로 기도합니다. 아멘.

시 27:1상

여호와는

나의 빛이요

나의 구원이시니

내가 누구를

두려워 하리요.

Calligraphy design by Butnori

61. 여호와 오리 - 빛, 나의 빛 하나님

하나님 아버지,
다윗이 압살롬에게 쫓길 때에 매우 위급한 지경, 수많은 대적들이 그를 치려고 둘러싸고 있었으나 그는 흔들리지 않았다고 깨닫습니다. 자기의 생명을 노리는 악인의 군대와 위협 앞에서도 두려워하지 않았는데, 하나님이 그에게 빛이 되어 주시고, 구원이시라고 확신할 줄로 믿습니다.
그는 악인들의 위협보다 성전에 올라가 예배하기를 소망하였습니다. 그때, 하나님을 '여호와 오리'라고 고백하였습니다. '여호와 오리', 인생에게 빛이 되신다는 것을 알게 해주신 줄로 믿습니다.
오늘, 환경에 의해 자주 흔들리는 저에게는 빛이 필요합니다. '여호와 오리'의 하나님을 의지하게 하시옵소서. 세상은 어두워서 한 걸음도 나아가지 못하게 하지만 진리의 빛으로 인도되어서 세상을 두려워하지 않게 하시옵소서. '여호와 오리', 하나님은 저에게 구원이십니다. 할렐루야!
다윗은 '여호와 오리'의 은혜로 세상에 대하여 흔들리지 않았고, 두려워하지도 않았다고 확신합니다. 오오, 저에게도 그리하시옵소서. 여호와는 나의 빛이요, 구원이시라고 찬양을 드리게 하시옵소서.
앞이 캄캄하여 헤맬 때, 빛이 되어 주심을 믿습니다. 수많은 적들이 에워싸도 구원이 되어 주셔서, 악인을 두려워하지 않게 하시옵소서.
예수님의 이름으로 기도합니다. 아멘.

애 1:18

너희 모든 백성들아

내 말을 듣고,

내 고통을 볼지어다

나의 처녀들과

나의 청년들이 사로잡혀 갔도다.

Calligraphy design by Butnori

62. 여호와 우시 - 고통, 하나님의 울음

하나님 아버지,
"내가 그의 명령을 거역하였도다." 예레미야는 하나님 앞에서 지은 죄가 없었음에도, 당시에 선민들의 죄악 된 행실에 대한 연대적인 책임을 고백하였다고 깨닫습니다. 그들이 고난을 당함에는 선민의 죄악 때문이었다고 탄식한 줄로 믿습니다.

그때, 예레미야는 선민의 고통을 안타까워하시는 하나님의 심정, '여호와 우시'를 표현하였지요. '여호와 우시', 고통, 하나님께서 우시다, 는 것을 알게 해주신 줄로 믿습니다. 고통을 당하시는 하나님. 아멘.

오늘, 자신들의 죄악으로 말미암아 멸망해가는 이스라엘, 그들을 보시는 하나님의 심정에 감격합니다. 사람이 하나님 앞에서 의로우면 하나님께서 기뻐하시지만, 자기의 죄로 멸망에 떨어지면 하나님께서 고통스러워하시는 여호아 우시를 깨닫습니다.

하나님께서 저를 보실 때마다 얼마나 고통스러워 하셨을까요? 용서해 주시옵소서. 사람의 죄에 대하여 심판하시는 하나님만 알았지, 그 죄악을 심판하시는 하나님의 심정을 이제야 깨닫습니다.

'자기 백성의 고통과 파멸에 안타까워하시는 하나님, '여호와 우시'에 위로를 받습니다. '여호와 우시'를 잊지 않게 하시옵소서.

예수님의 이름으로 기도합니다. 아멘.

⨞

시 37:39

의인들의 구원은

여호와로부터 오나니

그는 환난 때에

그들의 요새이시로다.

Calligraphy design by Butnori

63. 여호와 마우잠 – 요새, 요새가 되시다

하나님 아버지,

전에는 쾌락과 거짓과 탐욕으로 마음을 채웠는데, 지금은 거룩함으로 채워주심을 깨닫습니다. 이것이 구원을 받았다는 증거라고 여깁니다. 성령님께서 마음을 권하여 주시기 때문인 줄로 믿습니다.

의인이 재난을 당할 때에 그가 피할 피난처가 되어 주심을 경험한 다윗은 하나님을 '여호와 마우잠'이라고 고백하였습니다.

'여호와 마우잠', 요새, 하나님은 피할 곳이시다는 것을 알게 해주신 줄로 믿습니다.

오늘, 다윗의 고백에서 의인은 하나님으로부터 구원을 받게 된다는 것을 배웁니다. 의인이 어려움을 당하게 될 때, 자기의 이름을 위하여 의인을 고난에서 건져주심을 믿습니다. '여호와 마우잠' 아멘.

의인이 누구인가에 대하여 깨닫게 하시니 감격스럽습니다. 하나님의 보호를 받는, '여호와 마우잠'의 사람이라는 것이지요. 자기를 의지하고 신뢰하며 의를 지키는 자를 모든 어려움으로부터 구해주심에 찬양을 드리게 하시옵소서. 그 은혜로 악인에게서도 벗어나게 하심을 믿습니다.

제가 '여호와 마우잠'을 찬양하는 동안에, 악인들이 제 몸에 손을 대지 못할 줄로 믿습니다. 악한 일에 동참하자고 저를 유혹하지 못할 줄로 믿습니다. 하나님은 저에게 '여호와 마우잠'이십니다. 할렐루야!

예수님의 이름으로 기도합니다. 아멘.

⊂×

시 89:18

우리의 방패는

여호와께 속하였고

우리의 왕은

이스라엘의 거룩한 이에게

속하였기 때문이니이다.

Calligraphy design by Butnori

64. 여호와 마기네누 – 방패, 우리의 방패

하나님 아버지,
세상에 속하기를 거절하고, 하나님께 구별된 사람을 복스럽게 하사, 그 은혜로 높여주심을 깨닫습니다. 이스라엘이 하나님은 자기에게 속한 자를 위하여 세상에서 방패가 되어 주시는 줄로 믿습니다.
그래서 세상은 그 나라를 공격하지 못하는데, '여호와 마기네누'라고 찬양을 드렸지요. '여호와 마기네누'. 방패, 자기에게 속한 백성에게 방패가 되어 주시는 것을 알게 해주신 줄로 믿습니다. 할렐루야!
오늘, 하나님께서 저를 대적의 공격으로부터 건져주심을 확신하게 하시옵소서. 그들이 한 두 번이 아니라 일곱 번을 공격해 와도 '여호와 마기네누', 막아주시는 하나님께 찬양을 드리게 하시옵소서.
이제, 저는 두려워할 것이 없고, 땅 끝에서부터 천지를 흔드는 요동소리가 들려와도 평안하리라 믿습니다. 제가 왜 두려워했습니까? 적을 막아주는 '여호와 마기네누'를 몰랐기 때문이었지요.
그러나 지금은 저를 위협하려는 대적이 가까이 오기 전에 하나님께서 '여호와 마기네누'가 되어주심을 믿게 하시옵소서. 어둠의 세력은 당장이라도 쓰러뜨리려 하지만 하나님께서 대적을 막아주심에, 찬양을 드리게 하시옵소서. 하나님은 저에게 '여호와 마기네누'이십니다.
예수님의 이름으로 기도합니다. 아멘.

시 91:9

네가 말하기를

여호와는

나의 피난처시라 하고

지존자를

너의 거처로 삼았으므로.

Calligraphy design by Butnori

65. 여호와 마흐시 - 피난처, 나의 피난처

하나님 아버지,
여호와는 인생에게 누구이신지요? 다윗은 자신의 생애에서 하나님을 의지하는 자에게 재앙이 오지 않음을 깨달았다고 여깁니다. 그래서 그는 하나님을 자신의 목자로 삼고, 부족함이 없음을 경험한 줄로 믿습니다. 그때 이후로, 그는 하나님을 피난처와 거처로 삼았다고 확신합니다. 그리하여 하나님을 '여호와 마흐시'라고 하였지요.
'여호와 마흐시', 피난처, 하나님은 피난처가 되신다는 것을 알게 해주신 줄로 믿습니다. 아멘.
오늘, '여호와는 나의 피난처시라'는 다윗의 찬양은 하나님께서 원하신 것이라고 확신합니다. 저에게도 하나님은 피난처가 되어주시기를 원하시니 감사합니다. '여호와 마흐시', 피난처가 되시는 하나님께 찬양을! 누가 이렇게 찬양을 드리겠습니까? 하나님을 자신의 목자로 체험한 신앙에서 고백이 되는 줄로 믿습니다.
지극히 높으신 하나님을 피난처와 거처로 삼는 자마다 '하늘 아버지'의 보호와 도우심을 체험하게 하시옵소서. 이로써 화가 미치지 못하고 재앙도 가까이 하지 못하겠지요.
'여호와는 나의 피난처시라.' '여호와 마흐시'로 지내게 하시옵소서. 그리하여 하나님께서 천사들을 명하셔서 저의 모든 길에서 지키게 하시옵소서. 천사들이 지켜주고, 도와주는 것을 누리게 하시옵소서.
예수님의 이름으로 기도합니다. 아멘.

시 98:6

나팔과 호각 소리로

왕이신 여호와 앞에

즐겁게

소리칠지어다.

Calligraphy design by Butnori

66. 하멜렉 여호와 – 왕, 왕이신 여호와

하나님 아버지,

선민은 온 땅을 향해서 하나님의 구원에 대한 즐거움을 입을 열어 표현하였다고 깨닫습니다. 그들은 자기들에게 주신 기쁨을 즐거워하여 현악기의 연주와 함께 합창과 독창으로 하나님을 찬양한 줄로 믿습니다.

다윗은 찬양을 받으실 하나님을 '하말렉'이라고 하였습니다. '하말렉 여호와', 여호와는 왕, 하나님은 선민에게 왕이시다는 것을 찬양하도록 해주신 줄로 믿습니다. 입술을 열어 외칩니다. '하멜렉 여호와.'

오늘, 하나님은 종교적으로 의미하는 신앙의 대상이 아니라, 자기 백성으로 삼아주신 자녀들에게 왕이시라는 것을 깨닫습니다. 하나님을 믿는다는 것은 하나님께서 자신에게 왕이 되어주셨다는 것을 고백하는 것이라고 확신합니다. '하멜렉', 나에게 왕이 되어 주신 하나님!

왕이 없는 백성을 생각해 볼 수 있습니까? 만일, 백성에게 왕이 없다면 그들은 얼마나 외롭고, 불안하게 지내야만 하는지요. 하나님께서 저에게 왕이 되어 주시기를 원하셔서 '하멜렉 여호와'라는 이름을 배우게 하시니 감격스럽습니다. 하나님은 '하멜렉 여호와.' 아멘.

왕의 백성, 왕의 보호와 다스림이 얼마나 든든하게 하는지요! 오늘을 지내면서 '하멜렉 여호와' 왕께 찬양을 드리게 하시옵소서.

예수님의 이름으로 기도합니다. 아멘.

사 40:28하

땅 끝까지

창조하신 이는

피곤하지 않으시며

곤비하지 않으시며

명철이 한이 없으시며

Calligraphy design by Butnori

67. 여호와 보레 - 창조, 창조주 하나님

하나님 아버지,

이사야는 태초부터 하늘 위에 앉으신 자, 온 세상을 창조하시고 홀로 섭리하시는 그 하나님만 믿었다고 깨닫습니다. 하나님은 영원하신 여호와, 땅 끝까지 지으신 여호와이신 줄로 믿습니다.

모세에게, "스스로 있는 자니라."(출 3:14)라고 말씀하신 것처럼 이사야는 하나님을 '여호와 보레'라고 하였습니다. '여호와 보레', 인생에게 창조주 하나님이시다는 것을 알게 해주신 줄로 믿습니다.

오늘, 제가 홀로 살아가는 인생이 아니라, '여호와 보레', 창조주 하나님께서 지어주셨음을 고백하게 하시옵소서. '여호와 보레', 하나님을 창조주라고 시인할 때, 저는 피조물로서 행복을 느낍니다. 만일, 제가 창조주가 없이 살아간다면 얼마나 두려울까요? 자신의 시작도 없이 살아간다면 저의 인생은 불쌍하기 그지없었을 것입니다.

자신의 창조주를 모른다면, 인생이 시작도 없이 지낸다면 그의 끝을 내다볼 수도 없지요. 존재가 가엾을 뿐이겠지요.

그런데 '여호와 보레'를 깨닫게 하시니 감사합니다. 저를 하나님께서 지어 주셨다니요! 가슴이 벅차오릅니다. 하나님 앞에서 피조물로 지냄을 감사하며 창조주 하나님께 영광을 드리게 하시옵소서.

예수님의 이름으로 기도합니다. 아멘.

사 49:26하

모든 육체가

나 여호와는 네 구원자요

네 구속자요

야곱의 전능자인 줄 알리라.

Calligraphy design by Butnori

68. 여호와 골레크 - 구속, 너의 구속자

하나님 아버지,

선지자는 예언하기를, 하나님께서 선민을 강대한 바벨론으로부터 건져내실 것이라고 선포했다고 깨닫습니다. 선민을 괴롭히던 그들은 스스로 멸망을 당하게 하시겠다고 약속해주신 줄로 믿습니다.

이로써 당시의 선민이 하나님을 '여호와 골레크'로 알게 된다고 하였지요. '여호와 골레크', 구속, 자기 백성에게 구원자가 되신다는 것을 알게 해주신 줄로 믿습니다. 구원을 받게 하시는 하나님. 아멘.

오늘, '여호와 골레크'의 은혜를 저의 것으로 삼습니다. 인생의 힘으로는 해결이 될 수 없는 환경에서 건져주시는 하나님의 구속을 누리게 하시옵소서. 누가 인생을 건져내겠습니까? 오직 '여호와 골레크', 하나님께서 구속자가 되어주심을 믿습니다.

인생을 괴롭히는 것은 사탄의 역사이지요. 공중의 권세를 잡은 자가 하나님의 자녀를 괴롭혀 갖가지의 상황에서 골짜기로 몰아쳐 넣을지라도 '여호와 골레크'가 되어주심을 믿습니다.

하나님의 구원!

사람으로는 불가능하여 주저앉아 울 수밖에 없지만 하나님께서 '여호와 골레크'로 다가와 주실 줄로 믿습니다. 이스라엘의 원수들을 무너뜨리심과 같이 '여호와 골레크'는 저에게 하나님이심을 믿습니다.

예수님의 이름으로 기도합니다. 아멘.

⊂∈

렘 16:19

여호와

나의 힘, 나의 요새,

환난날의 피난처시여.

Calligraphy design by Butnori

69. 여호와 마우지 – 보호, 보장하시는 하나님

하나님 아버지,
선민의 땅이 하나님의 진노라는 형벌에 처하였지만 하나님께 소망을 두고 있는 이들에게 소망을 약속하셨다고 깨닫습니다. 절망의 땅에서 자기 백성을 회복에 이르게 하시는 하나님이신 줄로 믿습니다.
회복의 메시지를 받은 선지자는 지금, 하나님을 가리켜, '여호와 마우지'라고 불렀습니다. '여호와 마우지', 보호, 자기 백성에게 보장이 되시는 하나님이시다는 것을 알게 해주신 줄로 믿습니다.
하나님의 보장을 깨달은 예레미야는 여호와를 가리켜 나의 힘, 나의 요새, 환난날의 피난처라고 고백하였지요. 그를 따라서 오늘, 하나님을 고백하게 하시옵소서. 힘이 되시는 하나님, 요새이신 하나님, 피난처이신 하나님. 이렇게 고백을 하니, 감격스럽습니다.
하나님을 믿고, 의지한다고 하면서도 사실, 저는 어떠하였습니까? 자신을 힘으로 삼았고, 자신을 요새로 삼았으며, 자신에게서 피난처를 찾았습니다. 그러니 제가 넘어지고 쓰러질 수밖에요.
하나님의 자녀는 '여호와 마우지', 하나님을 보장으로 삼는다고 확신합니다. 자녀가 아니면 아버지에 대하여 신뢰하지 못하지요. 하나님께서 하늘 아버지이시니, '여호와 마우지'라고 고백하게 하시옵소서. 예레미야를 따라서 저에게 '여호와 마우지'를 선포하게 하시옵소서.
예수님의 이름으로 기도합니다. 아멘.

겔 7:9하

나 여호와가

때리는 이임을

네가 알리라.

Calligraphy design by Butnori

70. 여호와 마케 - 때리시다, 치시는 하나님

하나님 아버지,
선민을 향한 하나님의 진노가 임해서 에스겔에게 이스라엘 땅에 대하여 말씀을 주셨다고 깨닫습니다. 그들은 자녀로 선택을 받았지만 패역한 백성이 되었고, 하나님을 배반하였지요.
이에, 선지자에게 말씀하시기를, 자기 백성으로 삼은 이스라엘에, '여호와 마케'라고 들려 주셨습니다. '여호와 마케', 때리시다, 치시는 하나님이시다는 것을 알게 해주신 줄로 믿습니다.
오늘, 하나님의 진노를 읽도록 하셨습니다. 하나님께서 때리시다니요? 하나님은 사람에게 그 행위대로 갚으시는 것을 확인합니다. 인생은 자신의 행위대로 보응하시는 하나님을 피할 수 없다고 여깁니다.
그러니, 하나님 앞에서 교만하지 않게 하시옵소서. 어떤 경우에도 강포하지 않게 하시옵소서. 혹시 정당하다 여겨도 사람에게서 피를 흘리지 않게 하시옵소서. '여호와 마케' 앞에서 두려워하게 하시옵소서.
나아가서, 여호와께 가증한 우상을 섬기지 않게 하시옵소서. 우상숭배로 하나님께 죄를 짓지 않게 하시옵소서. '여호와 마케', 치시는 하나님은 저에게 죄를 멀리하도록 하시는 줄로 믿습니다. 할렐루야!
인생의 악한 행위들로 말미암아 '여호와 마케', 하나님께 진노를 사지 않게 하시옵소서. 하나님을 두려워하며, 진실히 섬기게 하시옵소서.
예수님의 이름으로 기도합니다. 아멘.

함께 '하나님의 이름' 읽는기도 70일에 참여했던 이들

강문식 강 미 강순옥 강철환 강형완 고삼규 곽영구 곽종안 권석근 권영우 권오균 권종옥
김남희 김동식 김명심 김 미 김미순 김복순 김삼용 김상우 김성국 김성옥 김숙자 김연재
김연화 김영석 김영임 김옥주 김용연 김정민 김정현 김종보 김종일 김주화 김진경 김진수
김창실 김해성 김혜원 노승칠 도태희 라성열 문병태 박구종 박남주 박성수 박신해 박영균
박영미 박은혜 박춘애 박태일 박헌주 배후주 백기호 백 설 백에녹 서명자 서무석 서성옥
손상곤 송용운 신미정 신수균 신연이 신준식 심우영 양미자 염미정 오소희 오중섭 우원섭
우지은 우충희 유민재 유정무 윤동열 윤두한 윤민자 윤여병 윤혜숙 이강은 이경수 이경자
이경호 이돈성 이명수 이성배 이수연 이수영 이영란 이영은 이우용 이은문 이응준 재선
이재호 이재훈 이종림 이종순 이준범 임금옥 임번유 임병만 임성철 장석현 정병근 정성애
정승원 정영소 정현미 정현숙 조광래 조명자 조용채 조정숙 조정순 조정희 주금식 천성옥
최규정 최도경 최미경 최미지 최상주 최성규 최성윤 최재순 최정은 하수동 하창원 한광락
한명순 한성옥 한연순 한 영 한태근 허남길 현동인 허병주 홍사안 홍성순

하나님의 이름 읽는기도 70일

1판 인쇄일_ 2025년 8월 10일
1쇄 발행일_ 2025년 8월 16일

지은이_ 한치호
펴낸이_ 한치호
펴낸곳_ 종려가지
등록_ 제311 - 2014000013호(2014.3.21.)
주소_ 서울특별시 은평구 은평로14길 9 - 5
전화_ 02)359.9657
디자인 내지_구본일 / 디자인 표지_이순옥
제작대행_세줄기획(02.2265.3749)
영업(총판) 일오삼 전화_ 02. 964.6993 팩스 2208.0153

ⓒ2025, 한치호

값 8,000원

ISBN 979-11-992100-2-8

문서사역에 대한 질문은 모바일 010. 3738. 5307로 해주십시오.